Refranero Popular Mexicano

Refranero popular mexicano es una simpática colección de dichos que han hecho historia desde tiempos de la Colonia. La cultura costumbrista del mexicano lo lleva a tener necesariamente conocimiento del significado de estas frases picantes que acompañan el hablar cotidiano de la población.

Pero, para hablar con propiedad utilizando refranes se necesita además de gracia, pleno conocimiento del significado de los mismos para saber cuándo deben mencionarse en una conversación y además causar el efecto deseado.

Refranero popular mexicano es un aperitivo para el habla del buen conversador y para quien lo escucha, o como dijera Andrés Henestrosa, destacado investigador y profesor oaxaqueño: "Un dicho y un refrán suelen concretar situaciones y abrir ante nuestros ojos un rumbo, poner en nuestra voluntad una decisión, decidir un paso inicial y no de modo caprichoso o casual. Los dichos y los refranes son el resumen de la sabiduría humana acumulada en muchos años de experiencia".

Max Mendizábal

Refranero Popular Mexicano

SELECTOR
actualidad editorial

SELECTOR
actualidad editorial

Doctor Erazo 120   Tels. 588 72 72
Colonia Doctores   Fax: 761 57 16
México 06720, D. F.

REFRANERO POPULAR MEXICANO

Diseño de portada: José Luis Guzmán
Ilustración de interiores: Francisco Rubén

Copyright © 1996, Selector, S.A. de C.V.
Derechos exclusivos de edición reservados para el mundo

ISBN: 968-403-985-9

Segunda reimpresión. Marzo de 1997.

Tipografía: *Paideia*
Negativos: *Reprofoto, S.A.*
Esta edición de 2000 ejemplares
se imprimió en febrero de 1997 en
Impresión Arte, Oriente 182, No. 387

Características tipográficas aseguradas conforme a la ley.
Prohibida la reproducción parcial o total de la obra
sin autorización de los editores.
Impreso y encuadernado en México.
Printed and bound in Mexico.

Mi cariñoso agradecimiento a Fidel Miró, Nayeli de la Fuente y Raúl Eduardo González por su apoyo amistoso.

CONTENIDO

Prólogo..................................9

Parte I
Refranes para todos................13

Parte II
Refranes personales...............89

Parte III
Refranes y dichos curiosos..133

Comentario......................... 153

Bibliografía............................157

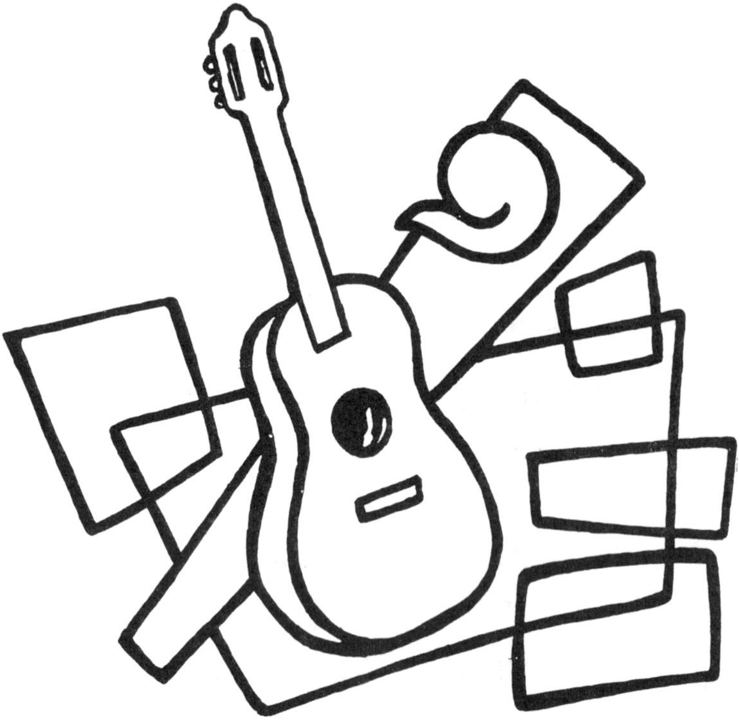

PRÓLOGO

EL lenguaje, obra colectiva monumental de la humanidad, es inconstante por naturaleza. Cada individuo lo aprende, lo revierte, adapta y recrea a su estilo, a su entorno social, a su ludismo. Siempre en busca del camino más corto hacia su meta, el ser humano trata de sintetizar en el lenguaje experiencias por medio de frases hechas, dichos y sentencias, o inventando refranes, es decir, evita dar muchas vueltas a conceptos con disertaciones doctas o muy elaboradas, extractándolos en sentencias tajantes y concretas.

Los refranes y dichos son extractos del aprendizaje humano, es decir, experiencias que ya procesadas se incorporan a la transmisión oral, comunicación sencilla en apariencia, pero tan compleja como lo sea cada uno de los eslabones conductores que la modifican de acuerdo a su personal percepción de la naturaleza y de la sociedad, en concordancia con lo que Alfonso Reyes denominó psicología dialectal. Es entonces comprensible que un refrán se refiera a entornos varios: rurales, fabriles, barriales y oficinescos, y a circunstancias dispares que involucran al amor, al odio, a la ambición o al deseo, todo, con el denominador común de la convivencia.

Refranero Popular Mexicano

El habla popular se ingenia para concentrar de la mejor manera entendible no exenta de gracia y picardía, vivencias cuya substancia contribuya a precisar amores, egoísmos, ambiciones, resignaciones y cuantas categorías emocionales subdividen la psiquis humana, todo ello con la finalidad de que tales fórmulas sumarias prevengan errores y procliven satisfacciones.

¿Cómo expresar debidamente nuestro sentir cuando descubrimos algo hermoso que conmueve instinto e intelecto, sin largos rodeos o imprecisiones? Con la sencilla frase "De la vista nace el amor". ¿Cómo ilustrar con facilidad que un proyecto puede derrumbarse por no estar bien cimentado, o por influir la suerte negativamente?; con la sentencia "Del plato a la boca se cae la sopa".

"La curiosidad mató al gato", dice una conseja popular. Y por curiosidad estamos leyendo esto. Quien no es curioso difícilmente llegará a ser artista o científico, ni tampoco podrá progresar en empresas a las que se aboque.

En este trabajo hemos elegido de modo preferencial aquellas sentencias que, en la proximidad de un nuevo siglo, aún forman parte del habla común en amplios sectores, y que

Prólogo

por su vigencia pueden escucharse en charlas oficinescas, en cafés, en el metro, es decir, que siguen vivas. Descartamos en cambio, las carentes de actualidad o que ayunan de ingenio.

El espíritu que nos mueve en esta tarea es el de proporcionar un apoyo discursivo al lector en sus pláticas, apoyo que contenga un profundo sentido cultural, y por esto mismo debemos advertir que la utilización excesiva de refranes puede ser un valladar contra la innovación del pensamiento y del lenguaje, dicho en otras palabras: los refranes serán útiles si son usados como complemento de nuestra particular manera de expresarnos, que debe renovarse y mejorar constantemente. Por tal razón en este libro nos limitamos a interpretar -con la subjetividad que implica- el significado de cada uno de ellos.

Siempre se ha asegurado que los dichos y los refranes tienen origen popular. Así ocurre con la mayoría, lo cual puede apreciarse por su elaboración mediante giros y voces del habla común, pero en algunos su contenido ideológico permiten suponer trasfondos de otro origen, dados los mensajes de sometimiento y docilidad que contienen y que nos hace preguntar: ¿serán estrictamente ciertos? Es

Refranero Popular Mexicano

oportuna al respecto la siguiente cita atribuida al investigador y maestro oaxaqueño Andrés Henestrosa: "Un dicho y un refrán suelen concretar situaciones y abrir ante nuestros ojos un rumbo, poner en nuestra voluntad una decisión, decidir un paso inicial. Y no de modo caprichoso o casual. Los dichos y los refranes son el resumen de la sabiduría humana acumulada en muchos años de experiencia". Al respecto, diferimos del último concepto, pues si consideramos el término "sabiduría humana" en un sentido progresista, no todos los refranes lo reflejan. Algunos son francamente agresivos y otros, como ya lo indicamos, absolutamente manipuladores.

Una última observación: para que causen un efecto armonioso y contundente, han de ser colocados en el sitio preciso de una plática, sin excedernos en su uso, porque utilizarlos en demasía los desbasta e impide que contribuyamos a innovar el lenguaje, lo que podríamos hacer, incluso, inventando nuestros propios refranes.

REFRANES PARA TODOS

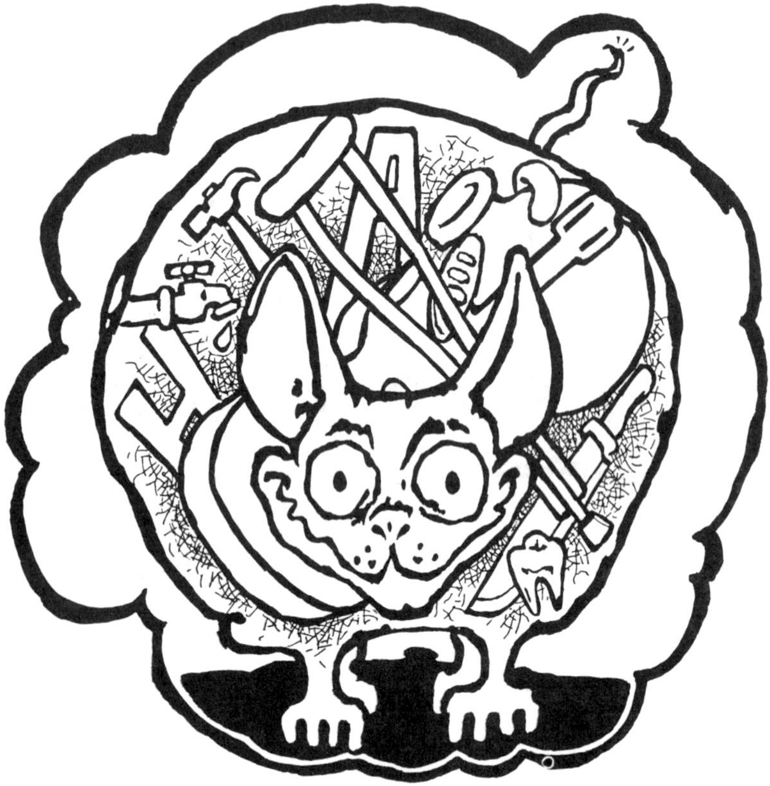

Tras la cruz está el diablo.
Una fachada sugestiva puede ocultar engaños y traiciones. Este refrán se encuentra en el capítulo VI de la obra de Miguel de Cervantes Saavedra, <u>Don Quijote de la Mancha</u>.

Cuando veas las barbas de tu vecino cortar, pon las tuyas a remojar.
Advierte que lo ocurrido a otro, puede sucedernos. Por ello hay que ser observadores y precavidos.

En casa del jabonero, el que no cae resbala.
En la sociedad, en el trabajo y en la familia se establecen vínculos estrechos. En consecuencia, todos se hallan involucrados en cualquier situación.

Los patos les tiran a las escopetas.
Critica a quien sin conocimiento o sin razón, ataca a personas o instituciones infinitamente superiores. Indica también el absurdo de que los inermes agredan a los poderosos.

Parte I

De grano en grano llena la gallina el buche.
La acumulación de conocimientos o bienes materiales es conseguible de pasito en pasito, con paciencia y constancia.

Las gallinas de arriba cagan a las de abajo.
Estar en sitios elevados evita padecer deshechos ajenos, que en cambio tienen que soportar quienes están abajo de nosotros. Lo que ocurre en los gallineros ocurre en la sociedad.

Muerto el perro, se acabó la rabia.
Al eliminar un problema de raíz se termina la preocupación.

A otro perro con ese hueso.
Es decir: a mí no me engañas; búscate otro porque esa mentira (hueso) está muy gastada.

16

Refranes para todos

Perro que ladra no muerde.
Algunos acostumbran amenazar con voces altisonantes y agresiones verbales, sin ir más allá del escándalo.

Chivo brincado, chivo pagado.
Por lo general se aplica a la compraventa, queriendo decir que contra la entrega de la mercancía, ésta debe pagarse de inmediato.

De'sas pulgas no brincan en mi petate.
Dándole a estos bichos una calidad superior, asume que personas u objetos de alto nivel son imposibles de obtener con los limitados medios de que se dispone.

Cree el león que todos son de su condición.
Nunca falta quien crea que somos como él.

Parte I

El pez grande se come al chico.
En la cadena por la conservación de las especies, unas subsisten a costa de otras más débiles. Así, el poder asimila poderes menores, y quien tiene más dinero puede hacer sucumbir a los que menos tienen.

Camarón que se duerme se lo lleva la corriente.
Nunca hay que descuidarse. De otro modo fácilmente seremos arrastrados por las circunstancias.

De noche todos los gatos son pardos.
En la oscuridad no es fácil distinguir un gato gris de uno café o negro. Dentro de una multitud (la noche) pasa desapercibida una persona a quien conocemos perfectamente, y hasta un brillante sería difícil localizar entre pedazos de vidrio. Los enreditos administrativos y legales ocultan infinidad de delitos.

Cada chango a su mecate.
Deslinda el espacio que cada quien debe ocupar, y la especialidad o el oficio que debe desempeñar por ser diestro para ello.

Vale más cabeza de ratón que cola de león.
Un león será todopoderoso en la selva, pero su cola nada tiene que ver en ello. En cambio la cabeza de un insignificante ratón es fundamental, porque la cabeza controla todo el organismo mediante el cerebro; por lo tanto la cola es prescindible. Un buen mecánico preferirá ser dueño de un pequeño taller que ser gerente seccional en una fábrica automotriz.

Es la misma gata, nomás que revolcada.
Si una gata recién bañada se revuelca en inmundicias, seguirá siendo la misma gata aunque con aspecto desagradable. Cuando alguien pretende un beneficio de nosotros argumenta de mil maneras diferentes, pero su único fin es salirse con la suya.

A caballo regalado no se le ve el colmillo.
Si nos obsequian ya es ganancia, y no hay que exigir que el regalo sea perfecto.

Parte I

El que mucho abarca, poco aprieta.
Quien ambiciona o acapara en exceso, distrae sus fuerzas y puede perderlo todo.

El que siembra su maíz, que se coma su pinole.
Pues tiene todo derecho de usar los frutos producidos por lo que sembró.

Agua que no has de beber, déjala correr.
Se refiere a aquellos que intervienen en lo que no les compete, forma sutil equivalente a: No te metas en lo que no te importa.

Entre menos burros, más olotes.
Por lógica aritmética, entre más participantes haya, menos alcanzará la comida, o cualquier otra cosa.

Aprendiz de todo, oficial de nada.
Aplicado a quienes se desplazan de uno a otro trabajo o de una a otra materia sin llegar a dominarlas nunca.

Entrada de caballo fino y salida de burro manso.

Los muy garbosos y presumidos, cuando son puestos en su lugar caen en el ridículo, porque la presunción disfraza la ignorancia. Otra interpretación es que en ocasiones iniciamos un esfuerzo con todo ímpetu, pero por no mantener el ritmo terminamos con un fracaso.

El que da primero, da dos veces.

Porque el primer golpe sorprende y amedrenta al contrario. Se aplica a cualquier actividad; quien toma la iniciativa tiene más posibilidades de dejar atrás a los competidores.

Somos amigos del camino, no del itacate.

Podemos actuar de común acuerdo con alguien, pero sin que esto nos obligue a compartir lo que tenemos, pues suele suceder que con pretexto de la amistad abusan de nuestras pertenencias.

Parte I

Quien mal anda, mal acaba.
El educador por excelencia es el medio ambiente. Quien vive en un medio de crápulas o de facinerosos es muy probable que termine siendo como ellos.

El valiente vive hasta que el cobarde quiere.
Tanto uno como otro tienen los mismos derechos, pero el valiente se aprovecha porque el cobarde no puede sacudir su temor. En cuanto lo hace, el valiente por lo común se acobarda.

El que anda con lobos, a aullar se enseña.
Se han dado casos de lobas que amamantan bebés, que al ser rescatados solo emitían aullidos. Quien convive con monjes o con hippies no tarda en actuar como ellos, porque una característica de los seres humanos es la de adaptarnos al ambiente que nos rodea.

Refranes para todos

El que hace la ley, hace la trampa.
Ya que la elabora conforme a sus propios intereses, o a los intereses de aquellos a quienes sirve, por lo cual aparenta hacer justicia al confeccionar leyes moldeables a sus conveniencias.

Farol de la calle oscuridad en su casa.
Algunos sujetos se comportan amables y generosos con gente desconocida o ajena a la familia, y con ésta se muestran hostiles y la tratan con desprecio y con tacañería.

No hay loco que coma lumbre.
Aún en casos límites de dolor o angustia, nadie soporta extremos tales como comer fuego. Se dan chantajes emocionales con la amenaza de llevar a cabo algún acto drástico, lo que no hará ni estando loco (a).

De limpios y tragones están llenos los panteones.
Tiene dedicatoria para los que exageran su aseo personal y los que comen hasta hartarse, quienes supuestamente irán más pronto que otros a la fosa.

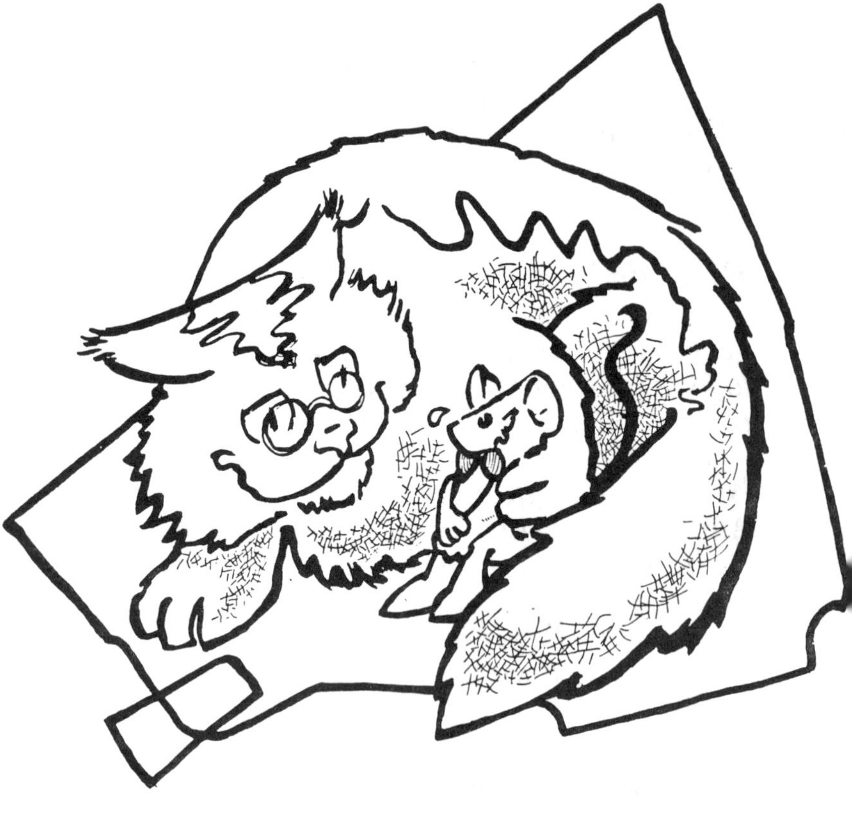

Refranes para todos

Del dicho al hecho hay mucho trecho.
Una cosa es lo que se promete y otra lo que se hace. Entre ambas, la distancia es enorme.

Arrieros somos y en el camino andamos.
El tener ocupaciones similares y andar por los mismos sitios, obliga a considerar que lo que a uno suceda, puede ocurrirle al otro.

A palabras necias, oídos sordos.
No es prudente hacer caso cuando alguien persiste en argumentar sin razón, nos dice este refrán hispano.

¿A dónde va Vicente?, adonde va la gente.
Por lo regular los individuos tienden agruparse, e ir a donde van otras personas, sin reflexionar si es lo más conveniente.

Aquí se rompió una taza y cada quien para su casa.
Con esta fórmula se da a entender que la reunión ha terminado y que es hora de irse cada quien por su camino.

Parte I

De lo perdido, lo que aparezca.
En los litigios se menciona esta sentencia frecuentemente, pues llega a gastarse más promoviendo un pleito que conformándonos con lo recuperado.

Andar con una mano adelante y otra atrás.
En la pobreza extrema estamos prácticamente desnudos, tanto que para no ofender conciencias ajenas, sólo nos resta cubrir los genitales con ambas manos.

Al mejor cazador se le va la liebre.
Aún los experimentados cometen errores, por ello es mayormente disculpable quien no es avezado.

A la mujer, ni todo el amor ni todo el dinero.
Aconseja tratar a la mujer con cautela para no perder ni la dignidad ni los bienes.

Le cayó el veinte.
Así como las máquinas tragamonedas funcionan en cuanto les entra dinero, así el aludido, al fin advierte el meollo del asunto en cuanto conecta su cerebro.

Refranes para todos

Del árbol caído todos hacen leña.
Cuando alguien está en desgracia y por lo mismo indefenso, es cuando los demás tratan de sacarle el mayor provecho posible.

Al son que le toquen, baila.
Se adapta con facilidad a las situaciones, lo cual es conveniente para subsistir o estar a gusto.

Quien no arriesga, no gana.
Dicen que la vida es un riesgo. Y efectivamente, cuanta empresa acometamos se enfrentará a algo: desconocimiento, competencia, economía y mil cosas más. Pero de no arriesgarnos, seremos como muertos vivientes.

Quien no se arriesga no pasa la mar.
Es prácticamente lo mismo que el anterior.

Entre todos la mataron y ella sola se murió.
Más frecuente de lo que se supone, los delincuentes son exonerados y las víctimas señaladas como causantes de su propio mal.

Parte I

No es nada lo del ojo y lo llevaba en la mano.
Plasma con crudeza la poca importancia que para algunos tienen sucesos de suma crueldad.

El que se fue a la Villa, perdió su silla.
Quien se retira de una junta o de un convivio, deja un vacío que seguramente será llenado por otro.

El que parte y comparte, se queda con la mayor parte.
Porque tiene poder para decidir sobre lo que está en sus manos y se sirve de ello en su beneficio.

Las apariencias engañan.
Será imposible comprender un fenómeno físico o social de no indagar más allá de la superficie. La naturaleza es avara para descubrir sus secretos, y los rostros suelen ser máscaras que ocultan sus verdaderas intenciones. Al respecto, una frase de Shakespeare: "Con la sonrisa inmóvil en los labios se puede ser un vil".

Refranes para todos

Al mal paso darle prisa.
En un trance molesto o peligroso, hay que apresurarse para salir lo más pronto posible de él.

Quien ríe al último, ríe mejor.
Porque se desquita de quien rió antes, creyendo tener la razón o tratando de burlarse.

Si no compra, no mallugue.
Es común en los mercados palpar la fruta para apreciar su calidad, pero a veces se hace por hábito y sin intenciones de comprarla. En esta sentencia el término fruta viene a ser una metáfora de mujer.

A río revuelto ganancia de pescadores.
Si las aguas de un río son repentinamente agitadas, los peces se desconciertan siendo presa fácil de los pescadores. En una situación caótica medran los poderosos y quienes se ponen listos.

Parte I

Sale en un ojo de la cara.
Se dice así cuando lo conseguido costó un esfuerzo tan extraordinario que aún se resiente el pago.

Si digo que la burra es parda, es porque tengo los pelos en la mano.
La mejor manera de confirmar lo que se dice, es demostrándolo con pruebas irrebatibles.

¡Otra vez la burra al trigo!
En cuanto su dueño se descuida, la burra vuelve una y otra ocasión a comerse el trigo. Los necios son así; a pesar de sus equívocos persisten en ellos una y otra vez.

Según el sapo es la pedrada.
Una piedra pequeña nada le hace a un sapo enorme, y una grande no deja ni rastro de un sapo chico. Actuemos de acuerdo a las necesidades, sin exagerarlas ni minimizarlas.

Refranes para todos

De los parientes y el sol, entre más lejos mejor.
Para no quemarnos con curiosidades malsanas, con intrigas y disgustos, alejémonos lo más posible de ciertos familiares.

El fin justifica los medios.
Con tal de apoderarse de lo que desean, hay quienes llevan a cabo bajezas y crímenes atroces.

Es como el cilindro, que cualquiera lo toca pero no cualquiera lo carga.
Porque es fácil darle vueltas a la manivela, pero difícil transportarlo sobre la espalda. Los planes son muy distintos cuando se llevan a la práctica.

¡Ay qué buena está mi ahijada, pa' qué la habré bautizado!
Por motivos religiosos o morales, el padrinazgo reduce las posibilidades de seducir a la que se llevó a bautizar años atrás, lo cual puede ser motivo de arrepentimiento por ser ahora una bella mujer.

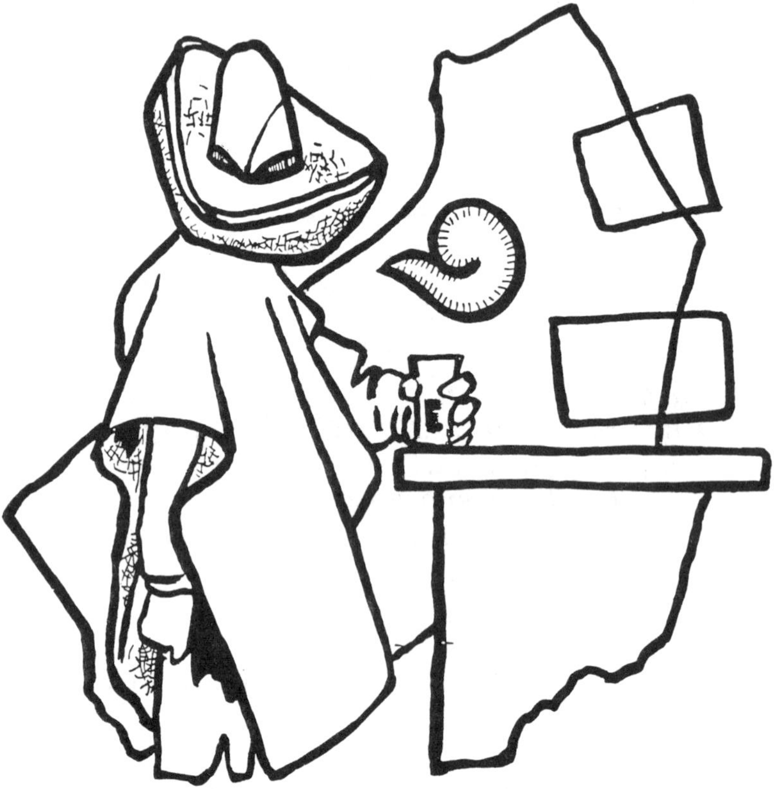

El que con niños se acuesta, mojado se despierta.
Es obvio que se refiere a niños que se orinan en la cama, y da a entender que el medio donde nos movamos ejercerá definitiva influencia sobre nosotros.

Los borrachos y los niños siempre dicen la verdad.
Los primeros, porque adormecen las inhibiciones; los segundos, porque las desconocen por su misma inocencia.

Para que la cuña apriete ha de ser del mismo palo.
Quien llega poner el alto a un prepotente es por lo general alguien muy cercano a él, o posee características semejantes.

Mi casa es chica pero es mi casa.
Frase usual en los años cincuentas, cuando se inició un auge en la construcción de viviendas de tamaño muy reducido, pero que a fin de cuentas eran casas y no parte de una vecindad.

Parte I

Al pan, pan; y al vino, vino.
Hay personas que tienen pavor a determinadas palabras o a debatir problemas, pero para entenderse debidamente es necesario hablar sin rodeos y llamar a las cosas por su verdadero nombre.

Las penas con pan son menos.
Con el estómago lleno podemos soportar mejor las calamidades.

Le dieron una sopa de su propio chocolate.
Con lo mismo que planteaba, rebatieron sus argumentos.

Barriga llena corazón contento.
La vida se desarrolla con mayor optimismo si el cuerpo es nutrido debidamente.

En el hospital y en la cárcel se conocen los amigos.
Sólo en la convivencia donde se comparten dolores y calamidades, es posible entender las virtudes y los vicios de las personas.

Refranes para todos

¿A quien le dan pan que llore?
Un regalo tan substancial como el alimento no es para lamentarlo, sino todo lo contrario.

Sale más caro el caldo que las albóndigas.
Así es dado expresarse cuando el costo por obtener algo, supera con demasía el valor del beneficio buscado.

En todos lados se cuecen habas.
La humanidad es un todo, y en los variados pueblos que la conforman se encuentran las mismas virtudes y defectos que conocemos en el nuestro.

Es pan comido.
Vanidosa forma de decir que es de lo más sencillo efectuar tal o cual tarea.

No me defiendas, compadre.
No falta que, hallándonos en un trance difícil, aquél en quien pusimos esperanzas de ayuda lo hace tan torpemente que nos perjudica más.

Parte I

Aunque la mona se vista de seda, mona se queda.
La ropa o los estilos de vida de algunas personas, por suntuosos que sean, no modifican lo que verdaderamente son.

Entre más alto se esté, más dura es la caída.
Así llega a ocurrir a los que habiéndose elevado socialmente, se precipitan desde su sitial, y su daño es mucho mayor que quienes caen de menor altura.

En tierra de ciegos el tuerto es rey.
Porque aunque con sólo un ojo (cierta preparación o conocimiento), tiene supremacía absoluta sobre aquellos ciegos (que son totalmente ignorantes).

El que tiene más saliva, traga más pinole.
La sequedad del pinole puede atragantar a los escasos de saliva, lubricante indispensable para el que habla mucho, y que por ello se beneficiará más que los otros.

Refranes para todos

A la ocasión la pintan calva.
Se compara la ocasión a la calvicie debido a que esta es lisa y todo se le resbala. Así de difícil es tener una buena oportunidad, pero de haberla, hay que aferrarse a ella hasta con las uñas.

Dime con quien andas y te diré quien eres.
Los seres humanos son influenciados por su entorno. Por ello puede configurarse con relativa certeza una personalidad si conocemos quienes son sus amistades.

Dios los cría y ellos se juntan.
Se dice así cuando sensibilidades o hábitos similares coinciden entre dos o más personas, y por tal similitud les complace reunirse entre ellos.

Donde lloran está el muerto.
Los llantos nos guían hacia donde reposa el fallecido, y de modo similar sabremos que quien se lamenta puede estar escondiendo algo importante.

Parte I

Donde manda capitán no gobierna marinero.
Los subalternos no tienen por qué decidir lo que compete únicamente al responsable general de un barco o de una organización.

Donde menos se piensa salta la liebre.
Cuando más distraídos estamos brinca de pronto la sorpresa; cuando menos nos imaginamos, el más calmado y sumiso rompe la rutina y causa conmoción.

A la mejor cocinera se le queman los frijoles.
La perfección es inconstante, y aún los peritos de vez en cuando se descuidan.

A palabras necias, oídos sordos.
De origen español, este refrán aconseja no hacer caso de los empecinados en obtener lo que quieren, aunque no tengan razón.

¡Ábranla piojos que ái' les va el peine!
Advertencia del presuntuoso que menosprecia a los demás, al grado de compararlos con tales parásitos.

Refranes para todos

Al saber le llaman suerte.
Para los resentidos y los ignorantes es muy cómodo atribuir al azar cuanto éxito consiguen quienes están preparados.

Bofetada con guante blanco.
Sin necesidad de usar la fuerza, una contestación audaz e inteligente deja al opositor desarmado.

No hay que buscarle tres pies al gato, sabiendo que tiene cuatro.
Adaptable a quien insiste en llevar adelante sus intenciones por medio de argumentos falaces.

Como buscar una aguja en un pajar.
Apunta la casi imposible proeza de encontrar un objeto perdido, o una persona idónea, en un universo infinito.

Como te ven, te tratan.
La vestimenta correcta es fundamental para ser bien atendido, pues una presencia desaliñada propicia un trato despectivo.

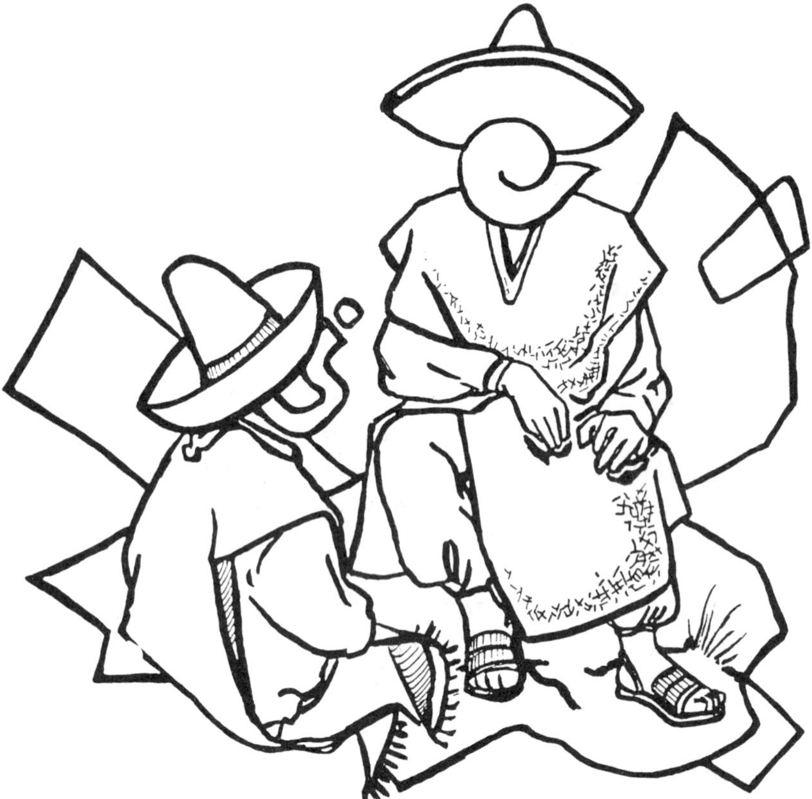

Con este amigo, para qué quiero enemigos.
Si alguien que pretende auxiliarnos lo hace señalando nuestras fallas, ya no se requiere la presencia de los que están en contra de nosotros.

Cuerpo de tentación y cara de arrepentimiento.
Suele suceder que embobados con una figura bella, nos asustemos al ver su rostro.

Cuidarlo como a la niña de los ojos.
La vista es la ventana por la cual observamos el mundo. Por ello debemos cuidarla con esmero, y hacer lo mismo con todo lo que tenga un enorme valor para nosotros. (Se le dice niña a la pupila ocular).

Darle una friega de perrito bailarín.
Hace años era común encontrar en barrios de la ciudad perros vestidos que danzaban al ritmo de una corneta y un tambor. El aprendizaje de los canes se consigue mediante palizas que les aplicaban sus dueños.

Parte I

El comal le dijo a la olla: qué tiznada estás.
Si el crítico se viera ante el espejo, vería reflejar en su rostro aquello que critica.

El lunes, ni las gallinas ponen.
Ciertos gremios artesanales tienen por tradición prolongar el descanso dominical 24 horas más, pretextando que incluso las gallinas hacen lo mismo.

El muerto y el arrimado al tercer día apestan.
Sintetiza la incomodidad que provoca el huésped luego de permanecer más allá de un tiempo razonable en casa ajena.

El que a buen árbol se arrima, buena sombra lo cobija.
Aconseja el acercamiento hacia aquellas personas o instituciones que manifiestan solidez, para contar con la mayor protección posible.

Refranes para todos

El martes, ni te cases ni te embarques.
Superstición que aduce, sin ningún fundamento, que ese día es de mal agüero.

El que mucho se despide, pocas ganas tiene de irse.
Las muchas despedidas dejan entrever en el invitado su intención de permanecer más tiempo con el anfitrión.

En arca abierta, el santo peca.
Hasta el más honesto se corrompe si tiene acceso libre a bienes o dinero ajeno.

En casa del herrero, cucharón de palo.
Si en vez de utilizar los instrumentos que se dominan o se usan medios menos prácticos será difícil conseguir resultados aceptables..

Parte I

Éramos un chingo y parió la abuela.
Expresa la profunda desesperanza de quien presionado por las numerosas personas con las que habita, se encuentra con la sorpresa de que alguien más se agregará al conjunto.

Es como pedirle peras al olmo.
Establece el error de acudir con la persona o la autoridad menos indicada para solucionar determinado asunto.

¿Me sabes algo, o me hablas al tanteo?
Quien pregunta, trata de averiguar si el interlocutor le conoce alguna flaqueza, o únicamente la sospecha.

Hacer caravana con sombrero ajeno.
Algunas personas tienen por costumbre halagar o prometer, responsabilizando a otra persona.

Ir por lana y salir trasquilado.
Llega a suceder que al ir en busca de beneficios, los resultados sean perjudiciales.

Refranes para todos

Jalan más dos chiches que una junta de bueyes.
El poder que llegan a tener los senos de una hermosa mujer, superan en mucho el arrastre de dos potentes bestias.

Jalan más dos tetas que dos carretas.
Lo mismo que el anterior, en España.

Juntos pero no revueltos.
Se puede coincidir y marchar unidos en determinados asuntos, pero deslindando nuestra propia personalidad.

La letra con sangre entra.
Anacrónica pedagogía con la cual, basándose en castigos severos, se forzaba el aprendizaje de los estudiantes.

La mujer, como la escopeta; siempre cargada y detrás de la puerta.
Para evitar conflictos extra maritales, aconseja tener a la esposa embarazada y encerrada bajo llave.

Parte I

La mujer es fuego, el hombre estopa; viene el diablo y sopla.
La combinación carnal del hombre y la mujer era temida de tal modo, que la moral de siglos pasados achacaba a Luzbel esa conjunción absolutamente normal.

Lo cogieron con las manos en la masa.
Así dicen los periodistas de nota roja cuando el delincuente es descubierto en el preciso instante en que comete el delito, o sea, que lo cogieron in fraganti.

Lo que es parejo no es chipotudo.
Refrán apropiado para aplicarlo a quienes en condiciones iguales a las de otros, pretenden su beneficio personal haciendo a un lado la equidad.

Los mirones son de palo.
Advertencia usual en los juegos de salón (dominó, ajedrez, cartas) para los observadores que sin respetar a los contendientes, se entrometen en partidas que no les competen.

Llamarada de petate.
El arder de un petate es escandaloso pero fugaz. Es lo mismo con quien aparentó brillantez y sólo puede mostrar su opacidad.

Mal de muchos, consuelo de tontos.
Algunos suponen normal vivir con carencias al observar que la mayoría vive así, pero esta resignación es absurda, porque quien así piensa está derrotado de antemano y es incapaz de luchar por superarse.

Mala pa'l metate, pero buena pa'l petate.
Una mujer puede compensar su inutilidad para las tareas hogareñas si para el ludismo erótico desarrolla sensibilidad e inteligencia.

Más pronto cae un hablador que un cojo.
Por su defecto, el cojo previene el accidente, lo que no ocurre con el hablantín que cae en contradicciones.

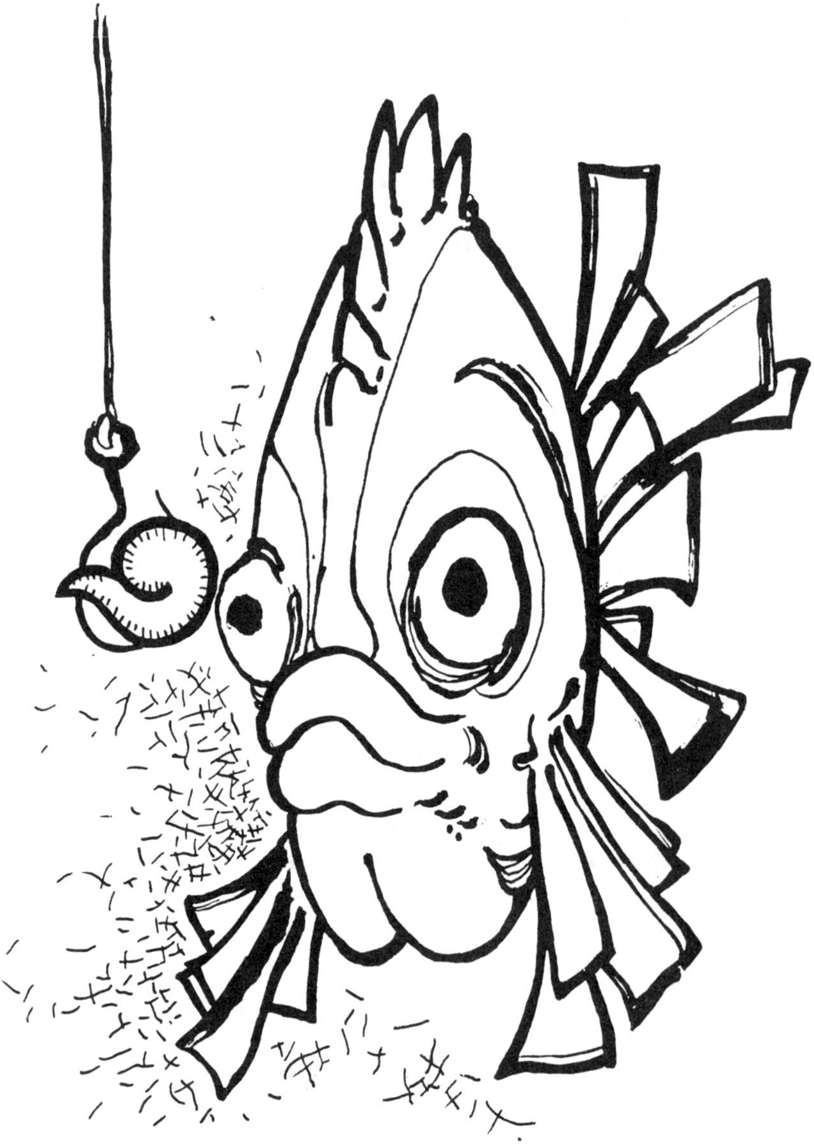

Más vale malo por conocido que bueno por conocer.
Una de las rémoras más limitantes en el desarrollo de la personalidad consiste en la tendencia a preferir una vida degradada y sin perspectivas, por temor a arriesgarse en rumbos no explorados que rompan la rutina.

Más vale pájaro en mano que cien volando.
Lo que se tiene, aún pareciéndonos nimio, es palpable. Por el contrario, desear lo que está fuera de nuestro alcance (lo que vuela), es ilusorio.

Mucho ayuda el que no estorba.
Mensaje dirigido a los que entorpecen de tal modo, que es necesario pedirles su ausencia si verdaderamente quieren ayudar.

Nadie sabe el bien que tiene hasta que lo pierde.
Aunque no es comprensible, es absolutamente cierto que suele restarse valor a lo actual, y cuando lo que era actual es rebasado, lamentamos que se haya ido.

Parte I

Nadie sabe para quién trabaja.
No se tiene la menor idea de quién, en las empresas grandes, se beneficia con los esfuerzos colectivos. Y en la vida común a veces son allegados quienes se aprovechan de nuestra labor.

Navegar con bandera de tarugo.
Así como los corsarios navegaban con banderas falsas y al atacar desplegaban la calavera para identificarse y atemorizar, así existen los que aparentan desconocimiento o ingenuidad para abusar de los demás.

Ni picha, ni cacha, ni deja batear.
Términos beisboleros con referencia a los que ni hacen las cosas ni dejan hacerlas.

No hay que echarle dinero bueno al malo.
Es erróneo invertir tratando de sacar a flote un negocio que ya dio pruebas de ineficacia.

Refranes para todos

No hay que poner todos los huevos en una canasta.
La diversidad de proyectos hará culminar algunos, pero si todas las fuerzas las dirigimos a uno solo, la decepción será absoluta de no poder culminarlo. Sería como si la canasta cayera, rompiéndose todos los huevos.

No se puede chiflar y comer pinole.
Dos labores que deseamos cumplir simultáneamente, pueden acabar en fracaso. Lo mejor es efectuarlas una después de la otra.

No todo lo que relumbra es oro.
Previene a los que se dejan impresionar por simplezas de aspecto apantallador, sin tomar en cuenta que el relumbre ciega, no dejándonos ver lo que se oculta en el fondo.

Ojo por ojo, diente por diente.
Drástica ley mosaica (llamada del talión) por la cual el delincuente sufría un daño igual al que había causado.

Parte I

¿Para que tanto brinco, estando el suelo tan parejo?
La pregunta pone en claro que no es necesario exagerar aquello que puede tratarse serenamente.

Por el humo se sabe dónde está el fuego.
El humo es consecuencia de la ignición. Observando los indicios de un fenómeno, puede llegarse al núcleo o al origen del problema.

Que cada quien se rasque con sus propias uñas.
Pregona un proceder individualista que hace de lado la solidaridad.

Quedó como el perro de las dos tortas.
Hay que ver lo que hace un perro al que se proporciona comida al mismo tiempo en dos lugares. Va de uno a otro lado, temeroso de perder alguna de ellas. El ser humano pierde oportunidades por no decidirse en el momento propicio por alguna de dos o más opciones.

Refranes para todos

Quedar como novia de pueblo; vestida y alborotada.
El exceso de optimismo procrea ilusiones que dan por hecho lo que quizá nunca ocurra.

Es peor el remedio que la enfermedad.
La congoja derivada de un mal llega a inducir ideas descabelladas que pueden resultar peores que el mismo mal. Sería tanto como si para eliminar el dolor de un dedo, lo cercenáramos.

Le salió el tiro por la culata.
Literalmente, el tirador fue herido por bala que él mismo disparó, es decir, le ocurrió exactamente lo contrario de lo que pretendía.

Se me hace chico el mar para echarme un buche de agua.
La presunción impide aquilatar correctamente los hechos, y motiva garrafales irracionalidades.

Silencio pollos pelones, ya les voy a echar su maíz.
Con darles lo elemental pueden acallarse a los revoltosos.

Parte I

Son como cubos de noria; unos suben y otros bajan.
Consoladora manera de alentarse dando por hecho que, como en la rueda de la fortuna, aun arrumbados en el fondo, estaremos posteriormente en lo más alto porque todo es igualdad en la vida.

Tanto peca el que mata la vaca, como el que le ata la pata.
La complicidad en un acto lesivo se adquiere aunque haya sido mínima la colaboración con el delincuente. O sea, que también son culpables aquellos que con su intervención ayudaron en el crimen.

Tener la sartén por el mango.
El control de una sartén por el mango impide quemarnos, pero puede dañar a otros, o lo que es lo mismo, se está en condiciones de decidir, por ser dueños de la situación.

Todo tiempo pasado fue mejor.
Algunos suponen que la sociedad tuvo sus mejores momentos en épocas ya históricas. Esta frase es común oírla en personas de edad avanzada, disgustadas por tener que tolerar procederes muy distintos a los vividos por ellos.

Todo por servir se acaba.
Nada hay eterno; todo se desgasta.

El que calla, otorga.
Se aplica a quien no responde a su interlocutor y da por verídico lo cuestionado por éste, así se trate de un reto, un complot, o una duda.

Ojos que no ven, corazón que no siente.
Este refrán es sumamente utilizado. Si bien es verdad que al no presenciar un hecho cruel la conciencia lo disuelve entre un cúmulo de acontecimientos cotidianos, lo real es que el hecho existió aunque no lo hayamos presenciado.

Parte I

En esta vida todo se paga.
Presupone, sin demostrarlo, que quien causa mal a los demás, padecerá por ello.

Después del niño ahogado tapan el pozo.
De haber tapado a tiempo el pozo, el niño no hubiera caído en él y no habría muerto. Hay que anticiparse a lo que pueda ocurrir tomando medidas preventivas.

A buen entendedor, pocas palabras.
Hablar con precisión es requisito indispensable para que se comprenda lo que decimos, y para una persona preparada no es difícil entender lo dicho con mínimas frases.

Andar de boca en boca.
Cuando algo va de un lado a otro en las conversaciones.

Caer como anillo al dedo.
Hay una correspondencia exacta entre dos elementos; un ajuste perfecto en el instante preciso. En síntesis, resultó oportuno.

Refranes para todos

Cada loco con su tema.
En las reuniones ocurre que en cierto momento cada quien platica temas diferentes. Se aplica también al que se encierra en sus propios actos o pensamientos de modo obsesivo.

Cobrarse a lo chino.
Recuperar sorpresivamente o a la mala, lo que se había prestado.

Como alma en pena.
Se dice de las personas que claman su desgracia o que deambulan idos de la realidad, causando gran impresión en quien las mira.

Creerse la mamá de los pollitos.
Las gallinas andan muy orondas con sus polluelos a los lados, y de igual manera se comportan las vanidosas.

Así ocurre cuando sucede.
De reciente cuño, reitera la inevitabilidad de algún suceso.

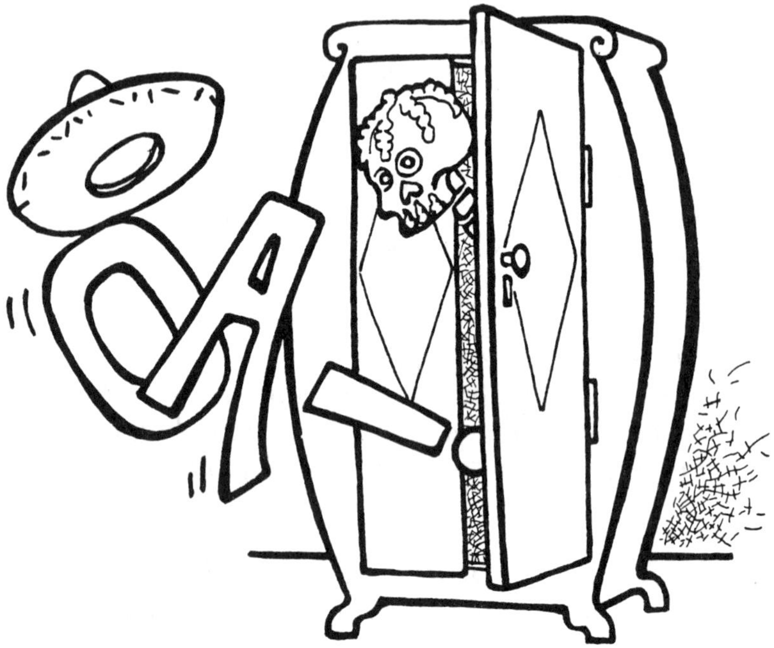

Creerse la mamá de Tarzán.
Es más que el anterior, porque sin duda la madre del hombre mono, de haber visto las aventuras de su hijo, se hubiera envanecido.

Dar atole con el dedo.
Desgastar a quien ansía con pretextos o mínimas dádivas, como sería el alimentar con lo poco que puede contener un dedo embarrado de atole.

Dar gato por liebre.
Técnicamente, es un fraude proporcionar un producto de menor calidad que el ofrecido.

Dorar la píldora.
Una píldora es más atrayente si es dorada, pero la substancia que contiene es la misma y cae en el engaño quien no percibe la treta.

Echarle crema a sus tacos.
Sobran los que exceden la importancia de sus acciones agregándole detalles que lo hacen ver como una persona excepcional.

Parte I

Echarle tierra al asunto.
Tal como se hace con los muertos, hay cuestiones tan peligrosas o tan sucias que son tapadas para que nadie se entere.

Habla hasta con los codos.
Se aplica a quienes platican tanto, que casi no permiten a los demás dar sus opiniones.

La ambición rompe el saco.
La ambición es como una enfermedad que impele a buscar de modo irrefrenable cada vez mayor riqueza, al grado que llega un momento en que se pierde todo.

La cáscara guarda el palo.
Comprensible en el campo, se traduce en que la corteza protege al árbol, y significa que lo percibido resguarda lo que hay en su interior.

La sangre no llegó al río.
En los conflictos a punto de terminar con agresividad física, una intervención serena pero enérgica evita la violencia.

Refranes para todos

Donde pone el ojo pone la bala.
Se dice de quien tiene facilidad para señalar con precisión aspectos importantes.

Tanto va el cántaro al pozo hasta que se rompe.
Una acción que se repite constantemente causará tarde o temprano una reacción, debido a que la insistencia de cualquier acto termina en algo diferente, para bien o para mal.

Quien a hierro mata, a hierro muere.
Añejo refrán que pronostica la muerte del asesino de la misma forma en que asesinó.

El que la hace, la paga.
Según este aforismo, de no echarle el guante al criminal, el destino se encargará de hacer justicia.

Limosnero y con garrote.
Se dan casos de mendigos que piden, no una dádiva cualquiera, sino una condicionada para satisfacer a plenitud sus caprichos.

Parte I

Matrimonio y mortaja, del cielo bajan.
No hay que ser impacientes, porque ambos llegarán finalmente.

Nadie es profeta en su tierra.
Para algunos, el triunfo no está a la vuelta de la esquina, y por lo general se les reconoce valía muy lejos de su lugar de origen.

No tener pelos en la lengua.
Las personas que no se amedrentan frente a los poderosos, suelen hablar con libertad y con franqueza poco común.

No tener tres dedos de frente.
Alude a la pequeñez craneana considerándola indicadora de una limitada inteligencia, lo cual no siempre es así.

No tener vela en el entierro.
Va dirigido a quienes se entrometen en asuntos que no son de su incumbencia.

Refranes para todos

Nomás mis chicharrones truenan.
Prepotencia verbal de quien se impone, no por la bondad de sus argumentos, sino por la fuerza.

Pagan justos por pecadores.
No es infrecuente que los inocentes sean castigados por delitos cometidos por otros.

Ponerlo a parir chayotes.
Se dice de alguien que se encuentra en una circunstancia de extrema dificultad.

Ponerlo como campeón.
Muchos campeones de boxeo terminan con la cara destrozada, las orejas como coliflor, ciegos, y con cerebros titubeantes.

Puso tierra de por medio.
Por estar en peligro, optó por alejarse lo más lejos posible.

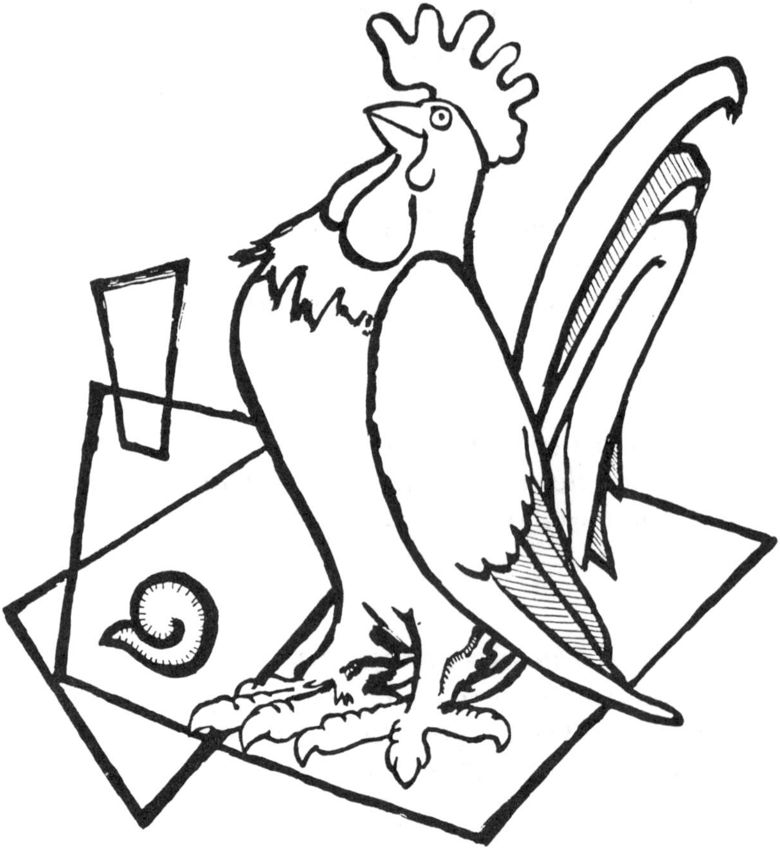

Refranes para todos

¡Qué bonito es ver llover y no mojarse!
Es indudable que algunos disfrutan con los infortunios de sus semejantes, por supuesto, si están seguros de no resultar perjudicados ellos mismos.

Rápido, que lleva bala.
Orden perentoria para apresurarse a la velocidad de un proyectil al efectuar determinada labor.

Sale junto con pegado.
En espera de una alternativa viable, la solución propuesta no modifica nada.

Se hace agua la boca.
Con sólo mirar un apetitoso manjar las papilas gustativas segregan saliva, tanto más abundante como mayor sea el antojo.

No es ninguna perita en dulce.
Por su trato difícil, hay que advertir que la persona aludida es todo lo contrario a una deliciosa fruta en almíbar.

Parte I

Gota a gota, el mar se agota.
Aunque de tiempo inmemorial, este refrán es muy actual por su implicación ecológica, pues somos conscientes de que los bienes naturales requieren de cuidado para conservarlos, pues su mal empleo los acabará irremediablemente.

Servirse con la cuchara grande.
Es injusto que con implementos descomunales se tome de manera ambiciosa lo que es de todos.

Si la envidia fuera tiña, cuántos tiñosos hubiera.
Sería difícil encontrar un ser humano que nada tenga que envidiar de los demás. Por lo tanto, si se marcara a los envidiosos, casi todos llevaríamos la marca.

Tirar la piedra y esconder la mano.
Los hipócritas y los cobardes tienden, con o sin razón, a implicar a los demás sin dar la cara.

A ver si como roncan duermen.
Petición para que quienes hacen mucha bulla con algún propósito, sean consecuentes y en vez de limitarse a escandalizar, trabajen para conseguirlo.

A ver si es cola y pega.
Ilusa pretensión de que lo hecho o lo dicho sirva para nuestros fines.

Al que va a ser barrigón, aunque lo fajen de chico.
Por mayor que sea el esfuerzo, lo que está decidido no puede ser cambiado.

Andar de la Ceca a La Meca.
Ir de un lado a otro. Así como se utilizó el santuario mahometano, pudo utilizarse indistintamente otro, pero al autor le gustó esta rima.

Cuando la perra es brava, hasta a los de casa muerde.
Un carácter violento no se detiene ni siquiera ante los familiares.

Parte I

Juego de manos es de villanos.
Emplear la fuerza física contra los demás es característica de la gente vil.

Ladrón que roba a ladrón tiene cien años de perdón.
Supone que no debe ser castigado a quien se apropia de lo que otro robó.

Para todo mal mezcal, para todo bien, también.
Nos vaya como nos vaya, y puesto que así es la vida, hay que brindar por ello.

Es ajonjolí de todos los moles.
Se usa al referirnos a alguien que se aparece en todas partes y quiere resolver cuanto problema le pongan adelante.

No quiere una tamalera, que otra se le ponga enfrente.
A nadie le agrada que invadan su territorio.

Está bueno ser pelón, pero no de a tiro a ráiz.
Porque no siempre es acertado llevar las cosas a los extremos.

De fuera vendrá quien de tu casa te echará.
La bondad y la confianza no debe brindarse a un extraño, quien ya instalado acabará por apoderarse de nuestra propiedad.

Le tocó bailar con la más fea.
Por descuido o por mala suerte, de todo cuanto había disponible obtuvo lo peor.

Nunca falta un negrito en el arroz.
Siempre ocurre algo negativo en actos o celebraciones que habían transcurrido agradablemente.

Nunca falta un pelo en la sopa.
Igual que el anterior. Sólo que da más asco.

Parte I

Aguacates y mujeres maduran a puros apretones.
La conseja sostiene que tanto la fruta como las mujeres mejoran tratándolas con firmeza.

El buen músico, con una cuerda toca.
Da por hecho que un experto puede arreglárselas con medios limitados, pero también que el conocedor de una materia la domina bajo cualquier circunstancia.

Las cuentas claras y el chocolate espeso.
Ni la calidad ni el precio deben dejar duda alguna.

Mala yerba nunca muere.
De burla o de veras, así decimos a quienes teniéndoles confianza manifiestan sentirse enfermos, pero también si alguna persona detestable está en el mismo caso.

Meterse en la boca del lobo.
Incursionar en sitios peligrosos, o inmiscuirnos en el meollo de conflictos extremadamente graves, es obsequiar la cabeza a unos agudos dientes.

Nadar entre dos aguas.
No es precisamente indecisión, sino vaguedad convenenciera el motivo por el cual algunos no definen su posición en determinadas circunstancias.

No hay peor sordo que el que no quiere oír.
Por más pruebas que aportemos, por más argumentos que demostremos, siempre habrá quien por necedad se niegue a tomarlos en cuenta.

Se cree la divina envuelta en huevo.
La alusión al huevo se debe a que variados platillos mejoran su sabor y su apariencia si son capeados.

Parte I

Una cosa es Juan Domínguez, y otra cosa es no me chingues.
No hay que hacer intencionalmente confusas ciertas situaciones. Enredar las cosas es no querer resolver los escollos.

Al que agravia se le olvida, pero al agraviado no.
Es fácil para quien ofende hacer mutis del pasado, pero el daño que causó persistirá en la víctima.

Ahí fue donde la puerca torció el rabo.
Llega un momento en que no es posible soportar agresiones o acosos, y es entonces cuando se produce la rebeldía.

En cada pueblo hay un maestro que enciende una luz, y un cura que la apaga.
Alude a la labor científica del maestro contrarrestada por la labor metafísica del clérigo.

Aquí, el que no corre, vuela.

En circunstancias extremas, como escapar de un peligro o competir por un premio, todo mundo se lanza en estampida para salvarse o para obtener el privilegio prometido.

Mucho ruido y pocas nueces.

Se excedió el aspaviento acerca de algún suceso que resultó frustrante. Hay películas que llegan precedidas por gran publicidad, y al ser vistas se comprende que lo único grandioso fue precisamente esa publicidad.

Aunque sean del mismo barro, no es lo mismo olla que jarro.

Pese a nuestro origen común, existen diferencias enormes entre las personas -económicas, culturales, ideológicas- que no admiten que seamos considerados iguales. Lo mismo ocurre con los objetos, aunque sean de la misma materia.

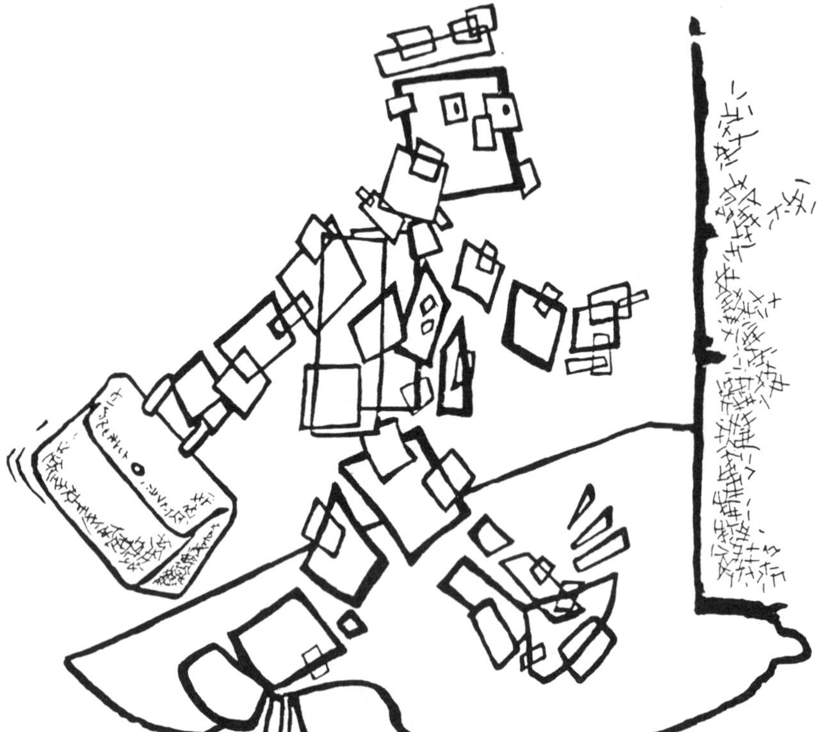

No hay enemigo pequeño.
Es un error que llega a pagarse muy caro el desdeñar a quien no le concedemos ningún valor, pues en una sociedad cambiante los hechos pueden llegar a revertirse.

Es mejor un mal arreglo que un buen pleito.
En la jerga litigante se aconseja concertar entre las partes en disputa, pues ya metidos en el juicio, aun siendo éste interesante se perderá más que si hubiéramos llegado previamente a un acuerdo común.

A mí, mis timbres.
Se exige no ser envuelto con pretextos, y que se resuelva el asunto.

Ser marquesa y no saber mover el abanico.
Los encumbrados son incapaces en ocasiones de realizar simplezas que deberían dominar.

Parte I

No te apures por comer, que hambre no te ha de faltar.
¿Para qué tener prisa por satisfacer lo que siempre estará presente?

No hagas cosas buenas que parezcan malas.
Ciertamente, solemos efectuar acciones de buena fe, pero por no hacerlas adecuadamente llegan a causar otra impresión.

Al cabo de cien años todos seremos calvos.
Consuela a los desgraciados que no vivirán más de un siglo, y alude al cráneo pelón que todos tendremos luego de morir.

Quien tenga tienda, que la atienda.
Llegan a perderse negocios y posesiones si en su momento no les dimos la importancia debida.

Refranes para todos

No hay que nombrar la soga en casa del ahorcado.
Se refiere a la falta de cautela al platicar, pues no debe hacerse alusión a temas hirientes para el interlocutor.

Para muestra, basta un botón.
Un buen ejemplo será suficiente para certificar la calidad de un producto, o la veracidad de lo que argumentamos.

El león no es como lo pintan.
Hay explicaciones y teorías que llegan a ser muy distintas si las confrontamos con la vida real. Con la gente ocurre lo mismo; puede sorprender gratamente aquél de quien nos dijeron que era odioso. O viceversa.

En gustos no hay nada escrito.
Es fácil darse cuenta de esta verdad si observamos los diversos productos que, aunque tengan una sola finalidad se producen con miras a complacer variados caprichos, desde el más conservador hasta el más estrafalario.

Parte I

La experiencia es la madre de la ciencia.
Sentencia poco diáfana, pues no por experimentadas las personas son proclives al mundo científico. Por otra parte, podría referirse a la enseñanza o a la experimentación que inducen a averiguar con mayor profundidad los fenómenos físicos y sociales hasta alcanzar niveles científicos.

Aramos, dijo la mosca al buey.
Hasta la eternidad existirán abusadores del esfuerzo ajeno, y que no conformes con ello, pretenden adjudicarse el mérito de tal esfuerzo.

El que no sabe, es como el que no ve.
El ignorante, al igual que un ciego, va dándose de topes por el mundo, en vez de tratar de interpretarlo.

Con la iglesia hemos topado, Sancho.
En "El Quijote" se advierte del gran peligro que se corre al enfrentar o tocar temas tan espinosos como la Iglesia, que pueden perjudicarnos.

Refranes para todos

Barájamela más despacio.
Es sabido que los jugadores expertos efectúan sus trampas al barajar con enorme destreza las cartas. Algo parecido sucede con las personas de plática enredada, a quienes hay que solicitarles una explicación más detenida de lo que dicen.

Al nopal lo van a ver sólo cuando tiene tunas.
Es común acudir con quien puede proporcionarnos ayuda, aunque cuando carecía de poder no se le prestó atención alguna.

A confesión de culpa, relevo de pruebas.
Cuando alguien acepta haber cometido una falta o un error, ya no es necesario aportar mayores datos para comprobarlos.

Si lo bueno es breve, es dos veces bueno.
Ocurre lo mismo con un exquisito platillo, que ingerido en demasía es hostigante, como los discursos o libros donde abundan circunloquios.

Parte I

El vino se hizo para los reyes y el agua para los bueyes.
Alabanza al milenario invento que alegra los corazones como el agua nunca podrá hacerlo.

El hombre y el oso, entre más feo más hermoso.
Desusado refrán que imposibilita hallar belleza en el mundo masculino. Por otra parte, ¿quién tiene experiencia en osos?

En cojera de perro o en lágrimas de mujer, no hay que creer.
Sentencia machista que presume que el engaño astuto de un animal se iguala al de una mujer.

A la tierra que fueres, haz lo que vieres.
Se evitarán contratiempos al adoptar las costumbres de los visitados. Por una parte para hacerlos sentir a gusto y aprender su cultura; por la otra, porque los hábitos de nosotros podrían resultarles incómodos.

Con pan y vino, bien se anda el camino.
Si en el tráfago ineludible de la existencia se cuenta con atenuantes, como son la alimentación apropiada y los buenos vinos, el hastío se tolera y la jornada será grata.

Con un ojo al gato y otro al garabato.
Es apropiado que al involucrarnos en alguna labor, no descuidemos lo que sucede en otras partes.

Después de vejez, viruelas.
Se dan casos de infantilismo en edades avanzadas, pues ocurre que a veces los ancianos se encaprichan en complacerse con lo que ya no pueden... O no les concierne.

A Dios rogando, y con el mazo dando.
En tanto llega el milagro, hay que insistir con nuestros propios medios en conseguir lo que nos interesa.

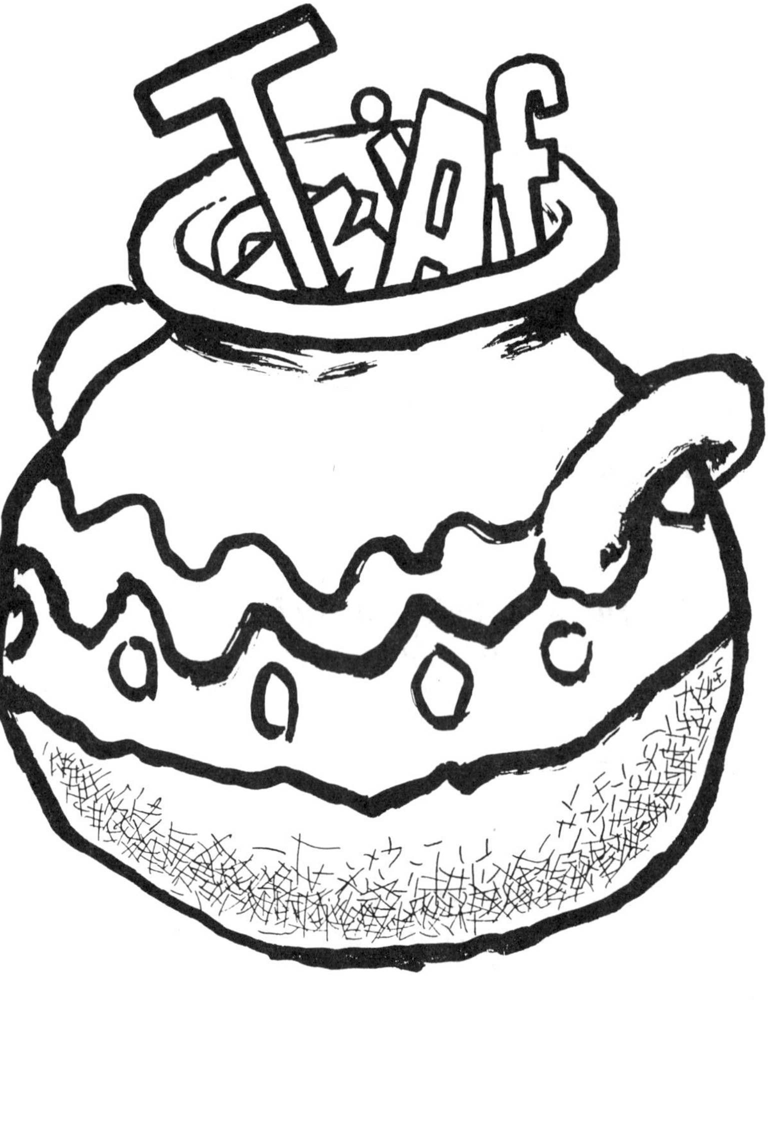

Pueblo chico, infierno grande.
En una congregación pequeña se conocen los defectos y las virtudes de todos sus pobladores, lo que acarrea chismes e intrigas que tornan la convivencia terrible.

Como al perro de tía Cleta, que la primera vez que ladró le rompieron la jeta.
La gente se habitúa a las conductas de los demás, y cuando alguien se sale de su papel se espantan, como fue el caso de este perro amigable que cuando se alebrestó, lo golpearon.

Dando y dando, pajarito volando.
Esta sentencia alegre exige que los trueques sean simultáneos, por aquello de las dudas.

Lo pusieron como lazo de cochino.
Llenos de barro y desperdicios del chiquero, los puercos ensucian todo a su alrededor, y así queda de sucio -metafóricamente- aquél a quien se amonestó o fue criticado.

Parte I

El hábito no hace al monje.
Ni la finura ni la elegancia de la vestimenta tienen que ver con lo que guardan. Algunos complementan el refrán con la frase: pero lo cubre del frío.

El que pan da a perro ajeno, pierde el pan y pierde el perro.
Es como cuidar un jardín que no nos pertenece; nunca podremos gustar de sus flores.

Hasta lo que no come le hace daño.
Es muy desagradable la persona que reniega de todo, inclusive hasta de lo que no le afecta en lo absoluto.

La burra no era arisca, los palos la hicieron.
Los caracteres cambian conforme a los tratos recibidos. Hasta el más paciente pierde la compostura cuando es acosado por los necios.

Refranes para todos

No rebuzna nomás porque no se sabe la tonada.
Alusión a quien por su gran torpeza es comparado con los asnos.

Son como los frijoles viejos, que al primer hervor se arrugan.
Aquí el término arrugar se utiliza como sinónimo de cobardía. El refrán va dirigido a aquellos que apenas perciben el menor peligro, huyen o dan muestra de pavor.

El que se viste de ajeno, en la calle lo desvisten.
Vivir mediante ardides o con recursos que no podrán pagarse es sumamente expuesto, ya que en cualquier momento todo el confort puede desaparecer si el deudor es embargado.

Matar dos pájaros de una pedrada.
Acción que simultáneamente reditúa beneficio de dos distintas fuentes.

Parte I

El que escupe al cielo, en la cara le cae.
Hay quienes se atreven a desafiar poderes inconmensurables, pero lo hacen con tal torpeza que sus retos se revierten en su contra.

Más vale que sobre y no que falte.
Es preferible excedernos en la realización de algún trabajo o en el acopio de materiales, a tener que arrepentirnos por haber escatimado esfuerzo y dispendio.

Dios ayuda a los malos, cuando son más que los buenos.
Da a entender que las mayorías, aunque se comporten arbitrariamente, pueden controlar una o varias minorías.

Parece cuchillito de palo; no corta pero como chinga.
Hay molestias constantes y martirizadoras que no acaban con uno, pero cuya persistencia agobiante llega a sacar de quicio.

Ponerse la carne de gallina.
La piel de las gallinas es enchinada, por eso así dicen cuando alguien es acechado por temores, pues su piel se enchina.

¡El burro, hablando de orejas!
La intervención en una plática de alguien a quien se considera torpe, da lugar a esta expresión ofensiva.

Colmar de piedritas el buche.
Cuando los pollos se atiborran el buche, no sólo de piedras sino también de granos, suelen morir del exceso. De la misma forma, quien ha sido objeto de múltiples requerimientos, se desespera por habérsele colmado de impertinencias.

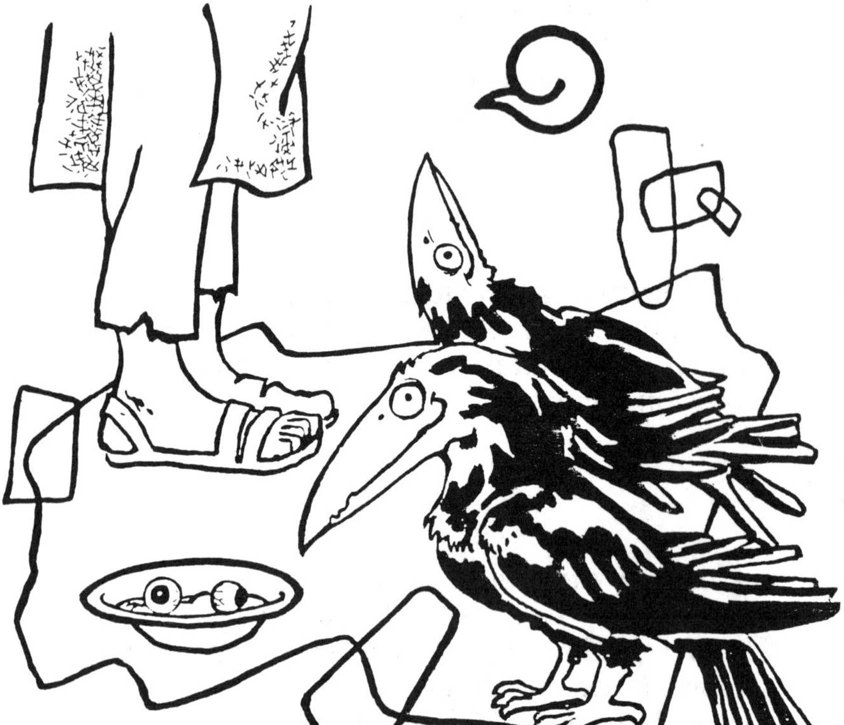

REFRANES PERSONALES

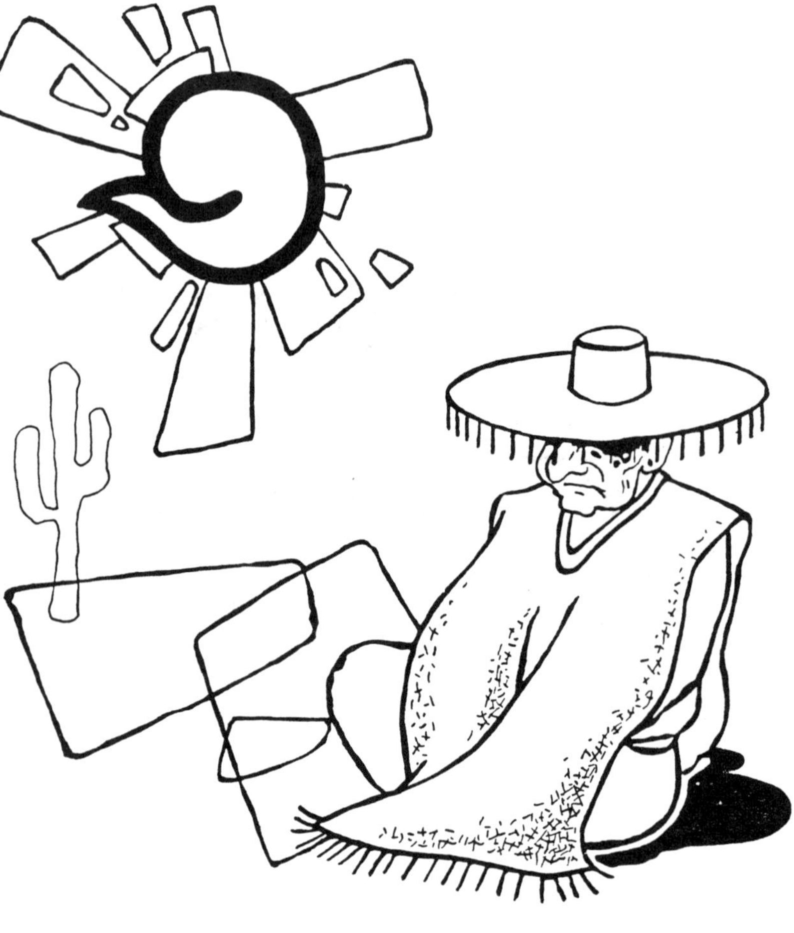

TITLE: Las enzimas m gicas / Ique de
BARCODE: a17407327780
DUE DATE: Jun 27 2001

TITLE: Hasta los ba os te curan!
BARCODE: a17408133309
DUE DATE: Jun 27 2001

TITLE: Anorexia y bulimia / Hope
BARCODE: a17412557680
DUE DATE: Jun 27 2001

TITLE: Hormonas / Brian
BARCODE: a17413211574
DUE DATE: Jun 27 2001

TITLE: Refranero popular mexicano
BARCODE: a17413211148
DUE DATE: Jun 27 2001

Refranes personales

Lo que no es en tu año, no es en tu daño.
Hay que despreocuparse de aquello que ocurrió en épocas ya superadas, lejos del tiempo actual.

Haz el bien y no mires a quien.
Invita a que ayudemos a los demás sin ser selectivo, pues de este modo sólo fingiríamos bondad, ya que actuaríamos a nuestra conveniencia.

Más sabe el diablo por viejo que por diablo.
No es la sagacidad o la juventud, sino la experiencia, la que demuestra conocimiento.

No siento lo duro, sino lo tupido.
Hay épocas en las que todo parece golpearnos tan frecuentemente que dejamos de sentir la fuerza de cada impacto, pero padecemos su abundancia.

Parte II

Los últimos serán los primeros.
De origen evangélico, supone que los más pobres y humildes serán los preferidos en el Paraíso.

Una golondrina no hace verano.
Un indicio no significa el todo. Si forjamos falsas ilusiones, el desengaño de la realidad puede ser terrible.

Al que madruga Dios le ayuda.
Anticipándonos en las acciones tendremos más posibilidades de lograr cualquier objetivo. Quienes dejan todo para "más tarde", suelen fracasar.

No por mucho madrugar amanece más temprano.
Este refrán contradice al anterior, pues asegura que aunque nos anticipemos, ya todo está escrito en el destino y nada puede modificarlo.

Refranes personales

El buen gallo donde quiera canta.
Uno no es la ropa que viste, el auto que maneja, o el dinero que posee. Uno es la mente y el cuerpo, que si tiene calidad, en cualquier sitio podrá demostrarla.

El que es perico dondequiera es verde, y el que es perico dondequiera pierde.
Tiene el mismo sentido que el anterior.

Gallina vieja hace buen caldo.
Se dice que algunas personas maduras resultan más agradables y placenteras debido a su experiencia y sabiduría.

Al perro más flaco se le cargan las pulgas.
Quien está en desgracia suele recibir daños adicionales, como si su mala suerte los atrajera.

Cada oveja con su pareja.
Si se igualan o complementan caracteres o costumbres, se dará una pareja ideal, sea para el amor, el matrimonio, o cualquier otra actividad.

Parte II

A gato viejo, ratón tierno.
Un gato sin agilidad o con dentadura deteriorada podrá disfrutar mejor de carnes suaves que secas. En la vejez, los humanos son proclives a la adoración de los jóvenes.

Hijo de tigre, pintito.
Pretende decir que los hijos heredan el físico y los modos de los padres, pero la elaboración de este refrán es fallida, pues también podría interpretarse que en realidad el padre fue un leopardo, felino que sí tiene pintas; los tigres tienen rayas.

El que nada debe, nada teme.
Si no hemos causado ningún daño ni hemos adquirido compromisos, no tendremos motivos para afligirnos.

Andando y miando pa'no hacer hoyos.
Los hoyos pueden salpicarnos y enlodarnos, aparte que retrasan el avance. Por lo tanto podemos continuar caminando al mismo tiempo que damos salida a necesidades cotidianas.

Refranes personales

Con dos que se quieran bien, con uno que coma basta.
Con el pretexto del amor, hay quienes se dan una buena vida sin importar que con ello sacrifiquen a su pareja.

Arbol que crece torcido, jamás su rama endereza.
Los errores deben corregirse en cuanto se manifiestan. De no hacerlo así, conforme pasa el tiempo será cada vez más difícil y hasta imposible eliminarlos. Esto es palpable en las adicciones como las del alcoholismo, tabaquismo y otras.

No hay mal que por bien no venga.
Si padecimos algún perjuicio, más adelante seremos recompensados por el destino. Pero aunque no fuera así, de los acontecimientos nefastos podremos obtener provecho en el futuro si tenemos capacidad para asimilarlo y analizarlo.

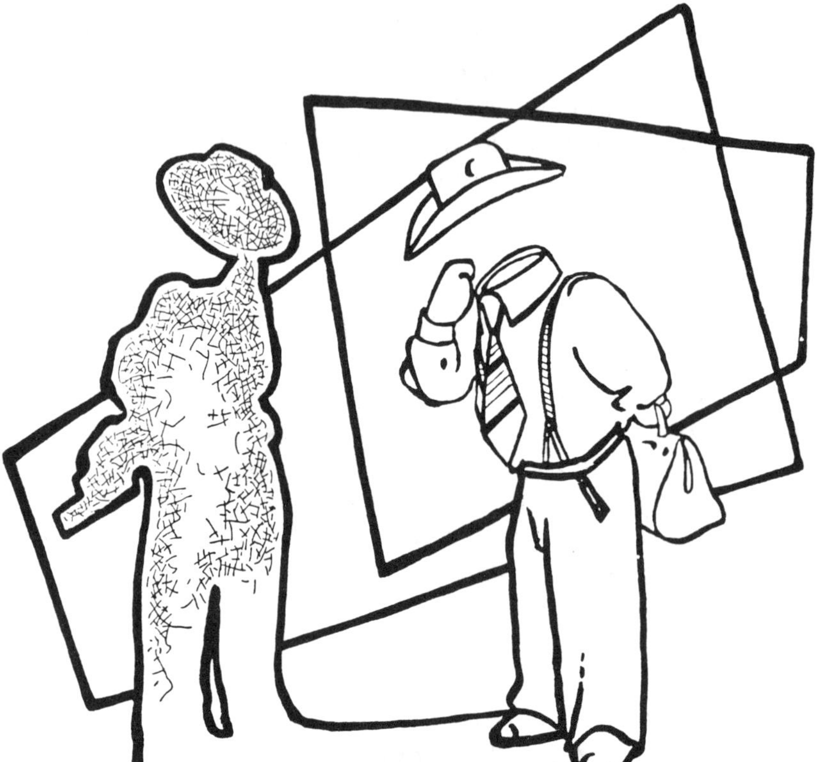

Refranes personales

Asustarse con su propia sombra.
El miedo puede ser tal, que cualquier movimiento, incluso el de nuestra sombra, nos espanta. Por ello debemos dar el valor real a las cosas y no amedrentarnos con simplezas.

El que por su gusto es buey, hasta la coyunda lame.
Un fondo masoquista subyace en quienes a pesar del maltrato o la injusticia, no sólo se someten, sino que lo agradecen al verdugo. Este es un caso frecuente cuando alguien está tan supeditado a otra persona, que hasta justifica sus defectos.

Donde hubo fuego, cenizas quedan.
Es decir, aunque haya transcurrido el tiempo, continúa el calor que podría encender de nuevo las llamas.

A las mujeres y a los charcos no hay que andarles con rodeos.
Sin temor de salpicar o salpicarnos, de manchar o de mancharnos, hay que entrarles con decisión, aconseja el experto Casanova que hizo este refrán.

Parte II

Amor de lejos, amor de pendejos.
Sólo de cerca es posible consumar el amor, porque a larga distancia pueden ocurrir cosas que ni siquiera imaginamos.

¡Ay reata no te revientes, que es el último jalón!
Petición suplicante para que en el momento decisivo no se destruya el esfuerzo que hemos hecho por obtener algo.

A cada capillita le llega su fiestecita.
Puede comprobarse fácilmente que no hay capilla sin patrono (a), al que una vez al año se le festeja, por lo cual no hay que impacientarse, pues ya llegará ese momento para cada quien.

Al mal tiempo, buena cara.
No tanto porque nos agrade una mala temporada, sino porque no será eterna, y es mejor tolerarla con buen talante mientras regresa el buen tiempo.

Refranes personales

De lengua me como un plato.
La habilidad de ciertas personas para hablar y convencer, en nada se relaciona con lo que ofrece mediante la elocuencia.

Después de la tempestad viene la calma.
Los fenómenos se suceden uno tras otro; ni la tempestad ni la calma duran para siempre. Por ello no hay que angustiarse exageradamente en los instantes conflictivos.

El que persevera, alcanza.
La constancia es una virtud poco practicada. Sin embargo, los grandes logros se consiguen con el trabajo cotidiano, trátese de una profesión, una culminación deportiva, un negocio o un romance.

Quien nace pa'maceta, no pasa del corredor.
No da para más aquél que se encierra en sí mismo, en sus hábitos o en su ignorancia, sin pretender cambiar.

Parte II

El que no enseña, no vende.
Un producto debe anunciarse para que sea comprado. Si las personas ofrecen un aspecto agradable, son mejor tratadas. Pero lo más importante es mostrarnos ante los demás, pues de otro modo no sabrán que existimos.

El que se quema con leche, hasta al jocoque le sopla.
La sensación que deja una quemada nos hace desconfiar hasta de los objetos fríos. Las decepciones dejan huellas que no olvidamos fácilmente.

Ni tanto que queme al santo, ni tanto que no lo alumbre.
Aconseja moderar nuestros actos, pues si acercamos demasiado la veladora el santo puede quemarse, y si la alejamos mucho, no lo iluminará.

Refranes personales

No hay mal que dure cien años, ni enfermo que los aguante.
Tarde o temprano termina cualquier problema. La ironía complementaria del refrán es evidente, pues ¿cuántos llegamos a los cien años de edad?

El miedo no anda en burro.
Quien es amenazado por un peligro debe huir rápidamente. De otro modo sería tanto como montar en un burro, que es un animal cansino y lento.

No tiene la culpa el indio, sino quien lo hace compadre.
En ocasiones solemos confiar inocentemente en alguien que no lo merece, y en tales casos uno mismo es el único culpable.

De tal palo, tal astilla.
Si el árbol es un pino, un cedro, o un nogal, de pino, cedro y nogal serán las astillas. Del mismo modo, los hijos tendrán similitudes con sus padres por herencia genética.

Parte II

No sólo de pan vive el hombre.
Esto, si las aspiraciones van más allá de satisfacer simples instintos primarios. Las manifestaciones emocionales por medio del arte o de la investigación científica acrecientan el valor de la existencia.

Quien hambre tiene, en pan piensa.
El que apetece dirige sus pensamientos al objeto motivador, trátese de comida o del antojo que sea.

Ya no quiere queso, sino salir de la ratonera.
Quien está atrapado sólo anhela escapar, sin importarle ya aquello que lo hizo caer en la trampa.

El casado casa quiere.
Antiguamente era común que los recién casados vivieran con los suegros de una o de otra parte. Pero para vivir libremente y disfrutar mejor del amor, es preferible vivir aparte.

Refranes personales

Del plato a la boca se cae la sopa.
A veces ocurre que a punto de obtener un beneficio, un acontecimiento inesperado lo impide.

¡Ahora es cuando chile verde le has de dar sabor al caldo!
Señala el instante crucial en que debe demostrarse con hechos eficaces que tenemos la razón, o que debemos hacer precisamente lo indicado.

Cría cuervos y te sacarán los ojos.
Los retoños, tiernos y juguetones, llegan a transformarse ya adultos en verdugos de sus criadores, como las hijas del rey Lear.

Cuando el río suena, agua lleva.
Los rumores suelen advertir la presencia de algo más tangible, y hay que saber distinguirlos de los chismes.

Año nuevo, vida nueva.
Tradicional expresión con intenciones de dar un giro crucial a la existencia a partir del primero de enero. Por lo común, días más tarde tales intenciones ya han sido olvidadas.

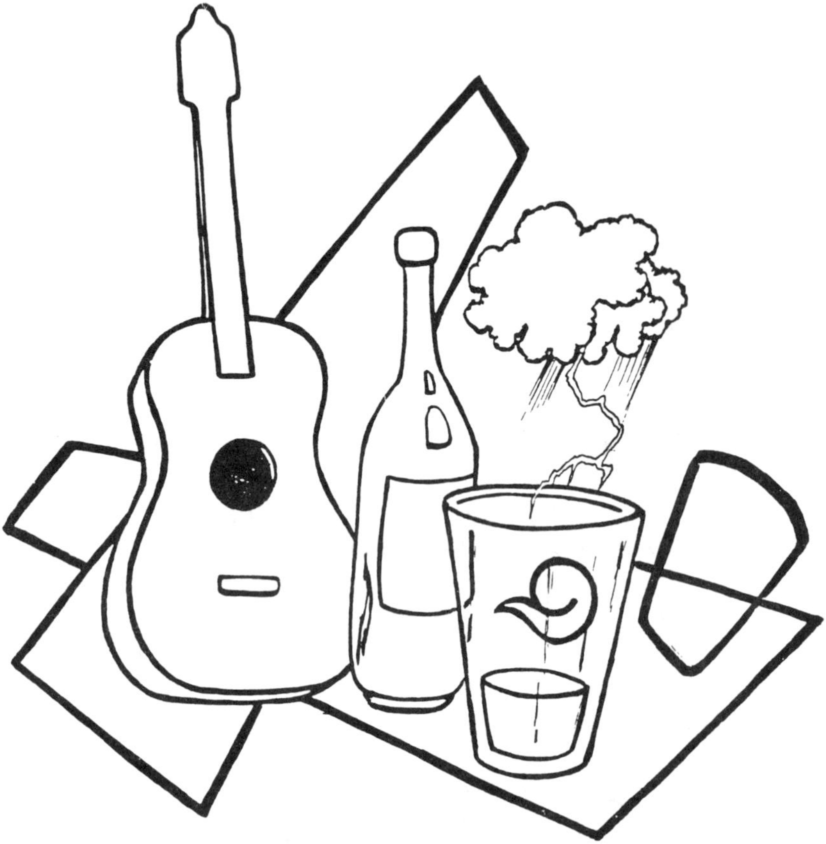

Refranes personales

Aunque la jaula sea de oro, no deja de ser prisión.
Por más hermoso que sea el sitio de la confinación, el solo hecho de no poder salir de ahí lo torna despreciable.

Cada quien sabe dónde le aprieta el zapato.
Porque sólo quien lo lleva puesto conoce el punto exacto de la molestia, y sólo quien sufre una decepción sabe el tamaño de su padecer.

Cada quien tiene su forma de matar pulgas.
No todas las experiencias pueden generalizarse; hay problemas que sólo quien los vive podrá solucionarlos, usando su propia capacidad e ingenio.

Crea fama y échate a dormir.
Pensamiento que considera que una vez conquistado el éxito, no es indispensable trabajar para conservarlo.

Parte II

El buen juez por su casa empieza.
Poca confianza inspira quien impone reglas pero en su vida personal no las acata, pues esto da pretexto para que con todo derecho sean quebrantadas por los demás.

Echando a perder, se aprende.
Es imposible aproximarse al núcleo de una disciplina sin "manipularla" teórica o tangiblemente. Y aunque al hacerlo se cometan fallas, eso permitirá avanzar en su conocimiento.

El flojo y el mezquino andan dos veces el camino.
Así ocurre cuando por indolencia o por extremada tacañería, tiene que repetirse una labor que sin estos vicios pudo hacerse de primera intención.

El muerto al hoyo y el vivo al bollo.
Es imprescindible despojarnos de tristes recuerdos que afecten extremadamente el ánimo, y que impiden aprovechar la vida y los goces que brinda.

Refranes personales

El pez por la boca muere.
Quien habla con exceso y con imprudencia pone al descubierto sus defectos o intenciones oscuras, y eso lo hace sucumbir.

El prometer no empobrece; el dar es lo que aniquila.
Por más palabras que se pronuncien y por más promesas que se digan, no desgastarán nuestros recursos. Pero si regalamos estos a diestra y siniestra se corre el riesgo de perder el patrimonio.

El que busca, encuentra.
Podrá tomar tiempo, podrá ser fatigoso, pero si insistimos en alcanzar una meta, la conseguiremos.

El que da y quita con el diablo se desquita.
Pagará de la peor manera su falsedad aquél que se desdice de lo que ofreció.

Parte II

El que por su gusto muere, hasta la muerte le sabe.
Cuando el capricho por algún satisfactor es excesivo, aunque sea perjudicial resulta grato el obtenerlo.

El que quiera azul celeste, que le cueste.
No es criticable aspirar a lo máximo. Sin embargo, para ascender muy alto, el esfuerzo tendrá que ser en esa misma proporción.

El sordo no oye, pero compone.
A veces por costumbre, a veces inconscientemente, cada quien adapta lo escuchado a su conveniencia.

El tiempo es buen consejero.
Dependiendo de la magnitud del conflicto, el paso de los días o de los años permiten analizar con serenidad aquello que en su momento nos impidió ser objetivos y que pudo llevarnos a cometer actos irreparables.

Refranes personales

Estar de mírame y no me toques.
La fragilidad o la susceptibilidad llegan a ser tales, que no admiten ni los comentarios más delicados y prudentes.

Hablar de dientes para afuera.
Decir una cosa y pensar otra, muchas veces opuesta a lo que se dijo.

En boca cerrada no entran moscas.
Tajante forma de hacer callar a quien habla de modo imprudente, y táctica sensata de quien teme cometer errores al hablar.

En el modo de pedir está el de dar.
La cortesía implícita al solicitar algo será mejor correspondida. Quien pide con insolencia difícilmente obtendrá lo que desea.

En la variedad está el gusto.
Una solución para no aburrirse ni caer en la rutina, consiste en experimentar otras vivencias, aunque para hacerlo tengan que vencerse escrúpulos o temores.

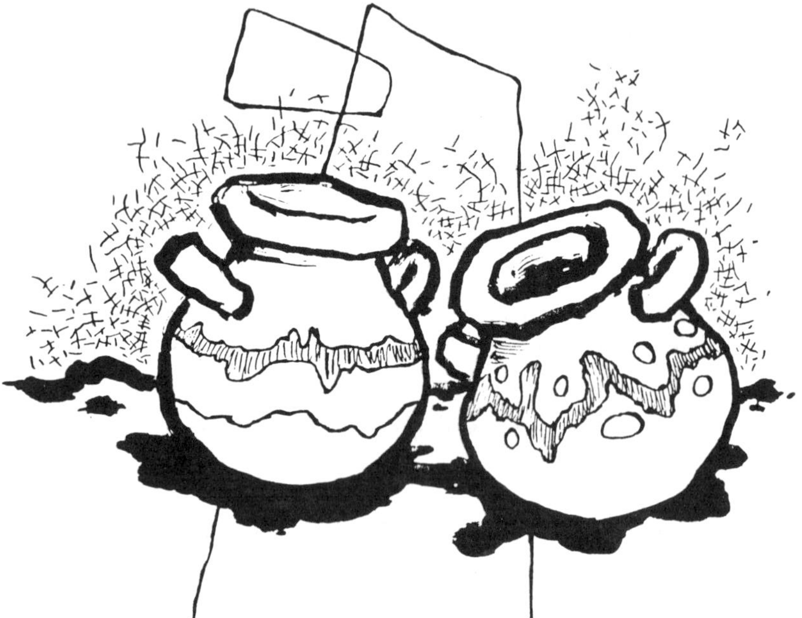

Refranes personales

Hacer una tormenta en un vaso de agua.
Parece ser un vicio el que algunas personas exageren nimiedades hasta hacerlas parecer gigantescas.

Jarrito nuevo, ¿dónde te pondré?; jarrito viejo, ¿dónde te botaré?
Lo que al principio fue deslumbrante y placentero, al paso del tiempo llega a cansar. Entonces se busca la manera de deshacernos de aquello. Otra interpretación es que lo recién adquirido debe desplazar lo que ya se tenía.

La verdad no peca pero incomoda.
Siempre que se va al fondo de los problemas, algunas personas suelen asustarse porque no están preparadas para conocer realidades que las desconciertan.

Siempre hay un roto para un descosido.
Esperanzadora forma de decir que por mal que estemos, habrá quien, en semejantes condiciones, aparezca para compartir su vida con la nuestra.

Parte II

Le hace lo que el viento a Juárez.
Se basa en la estatua de Benito Juárez que domina el Valle de Oaxaca, inconmovible frente a las tormentas. No lo afecta, como no deben afectarnos las maledicencias ni los chismes.

El interés tiene pies.
Hay objetivos que por importarnos intensamente, nos impelen a desplegar un dinamismo superior al habitual.

Afortunado en el juego, desafortunado en amores.
Para algunos, el amor y el juego no son compatibles, pero es indudable que la frase reanima el ánimo de los perdedores.

Más vale paso que dure que trote que canse.
Preferible avanzar poco a poco y sin cansancio, y no por impaciencia acelerar el empeño y caer agotado a mitad del camino.

Refranes personales

Más vale prevenir que lamentar (o remediar).

Muchas veces la desidia o el exceso de confianza nos domina impidiéndonos ver el peligro, y posteriormente sufrimos las consecuencias por no tomar prevenciones a tiempo.

Más vale que digan aquí corrió que aquí murió.

Aunque lo llamen cobarde, eludió un conflicto y sigue vivo, porque tuvo la entereza de no arriesgarse de manera imprudente.

De los cuarenta para arriba, no te mojes la barriga.

Aunque su contenido es mayor de lo que expresa, sin duda viene de muy lejos esta advertencia, pues en la actualidad personas de edades avanzadas son muy activas. Con él se prevenían conductas que ponían en riesgo la salud.

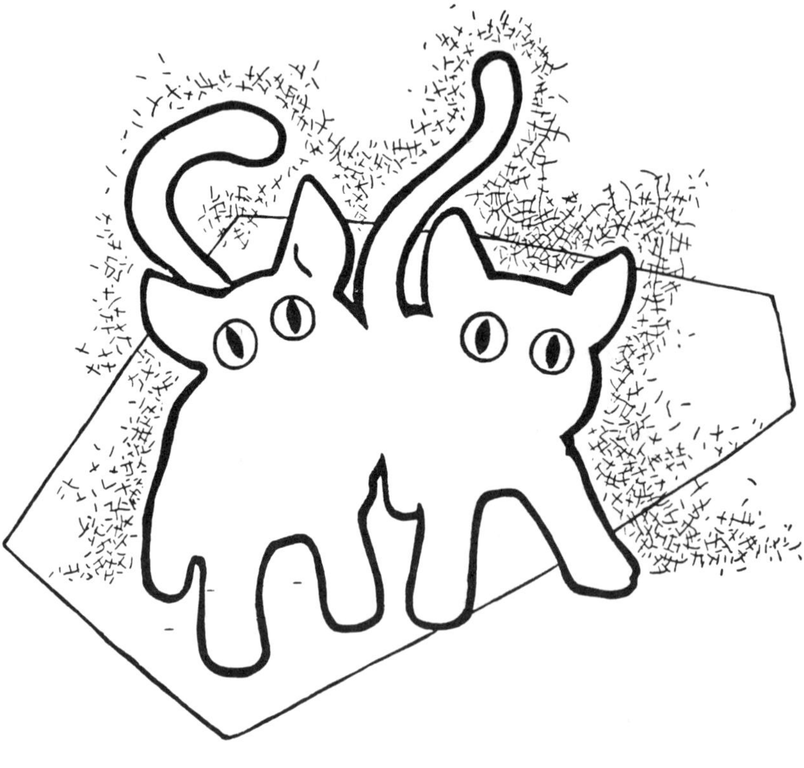

Refranes personales

Más vale solo que mal acompañado.
En determinados empeños avanzamos mejor sin distractores, pero es terrible si con quien marchamos nos resulta desagradable y hostil. No hay que olvidar que la creación artística requiere de soledad.

Un clavo saca otro clavo.
Algo igual o semejante a lo perdido, hará remediar el mal, como bien recomenaba Stendhal al hablar de amores: "...cortejar aunque sea a la recamarera" luego de una decepción amorosa.

Obras son amores y no buenas razones.
Indica que son exclusivamente los hechos los que cuentan, no las palabras por lúcidas que sean.

Quien no oye consejo, no llega a viejo.
No todos los consejos son acertados, pero sabiéndolos analizar usaremos aquellos que nos permitan evadir transtornos, lo cual redundará en una mejor vida que prolongará nuestros años.

Parte II

No se puede tapar el sol con un dedo.
Existen hechos tan inobjetables o tan obvios que es imposible soslayarlos con argumentaciones indemostrables o con falsedades.

Está que no le calienta ni el sol.
Hay decepciones que llegan a calar tan hondo, que nada es capaz de hacer reaccionar al afectado. En este caso se ejemplifica con el calor del sol, máxima fuerza de energía en la vecindad de la Tierra.

No dar paso sin huarache.
Hay que ser cautos al emprender cualquier actividad. Los campesinos lo son al caminar por senderos empedrados y toman las debidas precauciones para no dañar sus pies.

Los ojos son el espejo del alma.
Pretende que puede conocerse el carácter del dueño de los ojos al observárselos cuidadosamente.

Refranes personales

Caras vemos, corazones no sabemos.
Previene contra la excesiva confianza que solemos poner en quien seduce con su fisonomía o con su habla convincente o tierna, pero que puede ocultar intenciones oscuras.

De buenas intenciones está asfaltado el camino del infierno.
Un caso sería el de los padres que con la idea de proteger a sus hijos lo hacen de modo tan exagerado que los dañan, impidiéndoles ser ellos mismos. Las intenciones, por buenas que sean, nada modifican si no son acompañadas de acciones adecuadas.

Ahogarse en un vaso de agua.
Hay quienes exageran tanto sus desdichas que con el tropiezo más simple sucumben.

Con el tiempo y un ganchito...
No hay lugar para la angustia, porque si ponemos aunque sea un poquito de nuestra parte, más tarde se concederá lo ambicionado.

Parte II

Contigo pan y cebolla.
Manifiesta la convicción de estar con la persona amada sin importar las condiciones, por más deprimentes que pudieran llegar a ser.

A buen hambre no hay pan duro.
Las grandes necesidades angustian de tal manera, que cualquier atenuante por limitado que sea, es bienvenido.

Como te veo me vi, como me ves te verás.
Advertencia de los senectos a los jóvenes, quienes habitualmente menosprecian el paso del tiempo y descuidan su salud o se envanecen de su vigor, como si jamás fueran a llegar a la época de los achaques y de las arrugas.

¡Ay amor como me has puesto!
Lamento del enamorado desde el fondo de su desventura, que lo dejó en condiciones desastrozas.

Refranes personales

Nadie sabe lo que pesa el muerto, hasta que lo carga.
Si bien el ejemplo se basa en cuestiones físicas, por extensión habla de la pesadumbre que siente el deudo por la pérdida del ser querido, que cuando vivía no mereció la importancia debida.

Mientras son peras o son manzanas.
Ante un dilema, optar por algo distinto puede ser interesante, y de paso se evitará seguir perdiendo el tiempo.

Nadie escarmienta en cabeza ajena.
Por más recomendaciones y consejos que se den, sólo la vida es capaz de amoldarnos, y es por ello que se cometen los mismos errores que sabíamos que cometieron otros.

Poner un granito de arena.
Cuando cada persona colabora aunque sea con un mínimo esfuerzo en una causa mayor. Así se han construido ciudades y países.

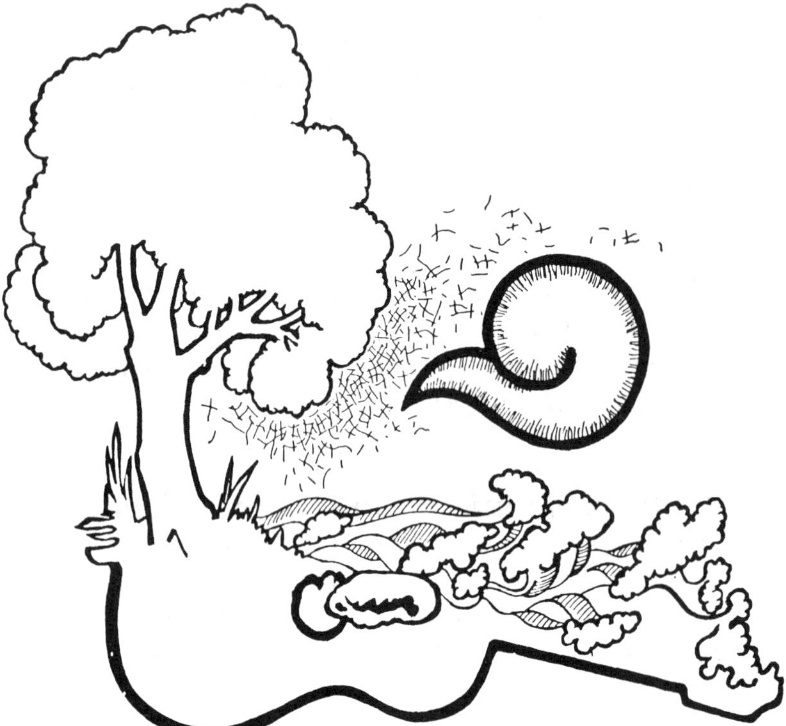

Refranes personales

Hay que darle tiempo al tiempo.
En vez de impacientarnos, siempre hay que tener esperanza.

Nunca digas: de esta agua no beberé.
En las vueltas de la vida podemos incurrir en aquello que estábamos seguros de no cometer. Por ello es preferible no jurar ni hacer promesas.

Del amor al odio sólo hay un paso.
Hay quienes sostienen que detrás del aborrecimiento se ocultan sentimientos contrarios. Está por verse.

El amor es ciego.
Los enamorados actúan de modo incomprensible para los demás, porque están en un mundo muy especial.

Le corre atole por las venas.
Las personas que permanecen inmutables ante las peores atrocidades carecen de fuerza vital; son fríos y pusilánimes.

Parte II

Quien ríe solo, de sus maldades se acuerda.
¿Y por qué no? Es grato refocilarse al recordar un detalle gracioso, un chiste o una broma, aunque quien nos mire solos piense que estamos locos.

Levantarse con el pie izquierdo.
Se dice así cuando ese día todo sale mal.

El hilo se revienta por lo más delgado.
El punto débil es el que primero falla. Puede tomarse como una advertencia para remediarlo a tiempo.

Es de sabios cambiar de opinión.
Al desdecirnos de algo podemos emplear este dicho que mucho tiene de veraz, pues no siempre lo que se percibe corresponde a la verdad.

Viejos los cerros, y reverdecen.
El optimismo debe estar presente cuando nos sentimos acabados moral o físicamente, pues hasta lo que nació millones de años atrás recupera su agradable imagen.

Refranes personales

Ser poco el amor y desperdiciarlo en celos.
Hay que aprovechar el cariño que aún queda no malgastándolo en sospechas.

El rayo nunca cae dos veces en el mismo lugar.
La ley de probabilidades hace presumir de veraz esta frase, que por extensión supone la imposibididad de repetirse un perjuicio idéntico.

Habrá quien te quiera, pero quien te ruegue, nunca.
Es posible que mucho sea el amor, pero no por ello hay que humillarse. La esperanza muere al último. Hay que batallar sin arredrarnos, hasta que todas las posibilidades de triunfo se hayan agotado.

La memoria es la inteligencia de los pendejos.
La memorización no significa raciocinio -los elefantes son buen ejemplo de ello- que es lo que en realidad hace progresar a los seres humanos.

Parte II

La vida es corta y hay que gozarla.
Cuando menos se piensa ya la juventud pasó, y lo mismo ocurre en la madurez. Por ello lo mejor es aprovechar con intensidad cada momento de la existencia.

Si tu mal tiene remedio, para qué te apuras; si tu mal no tiene remedio, para qué te apuras.
Sentencia de doble interpretación; no hay que preocuparse por lo irremediable, lo cual es positivo. Pero también conlleva un mensaje de apatía, pues orienta hacia la inmovilidad frente a los contratiempos y a soportar todo tipo de males con mansedumbre.

Hombre prevenido vale por dos.
Se duplican las posibilidades de éxito al anticiparnos mediante la preparación y la estrategia adecuadas.

A enemigo que huye, puente de plata.
Hay que dar todas las facilidades para que quien nos ha agredido, se vaya lo más pronto posible.

Refranes personales

Piensa mal y acertarás.
Podemos equivocarnos al considerar cualquier asunto desde un punto de vista positivo. Es mejor analizarlo desde distintos planos, incluso desde el más negativo.

El que no llora, no mama.
Un bebé que no exige su alimento puede ser desatendido por la madre, y lo mismo le puede ocurrir en el resto de su vida si no reclama, pues nada podrá obtener.

Genio y figura, hasta la sepultura.
Hay caracteres inadaptables que aún en graves situaciones se comportan sin variantes.

Libro cerrado no saca letrado.
La lectura y el estudio continúan siendo los únicos caminos para lograr la superación. Quien no lee, jamás podrá entender múltiples aspectos de la sociedad, y por ende, de sí mismo.

Parte II

Quien bien te quiere, te hará llorar.
El más interesado en beneficiar al ser querido aplica su esfuerzo, a veces de modo impositivo y hasta violento, con intención de prepararlo para enfrentar los más arduos contratiempos.

Perro que come huevo, ni a palos deja la maña.
Los seres humanos, como los animales, se acostumbran al buen vivir, y se niegan a aceptar el menor cambio que pueda poner en peligro lo que ya se tiene ganado.

No hay peor lucha que la que no se hace.
Cuando desalentados suponemos que ya nada puede hacerse, quizá sea el momento crucial de la lucha, la que al fin y al cabo nos forjará para enfrentar otras batallas.

Ande yo caliente, y ríase la gente.
No importa como se vea uno con la ropa que trae, pues lo hace para estar a gusto y no para complacer a los demás.

Refranes personales

Antes mis dientes que mis parientes.
La crisis ha renovado este refrán que indica la preferencia por tener lleno el estómago antes que otra cosa.

De que lo coman los gusanos, a que lo gocen los humanos...
La vida ofrece infinitos deleites que deben aprovecharse, porque si no lo hacemos pasará el momento oportuno y se echarán a perder.

Agua pasada no mueve molino.
Antiguamente los molinos funcionaban por medio de unas colosales ruedas cuyas aspas eran empujadas por el agua de los ríos. Obviamente, el agua pasada no podía volver a la rueda. Así pues, lo pasado, pasado está. Y no podrá modificar el presente.

La ociosidad es la madre de todos los vicios.
Da por hecho que los momentos libres, si son mal utilizados, originan comportamientos antisociales.

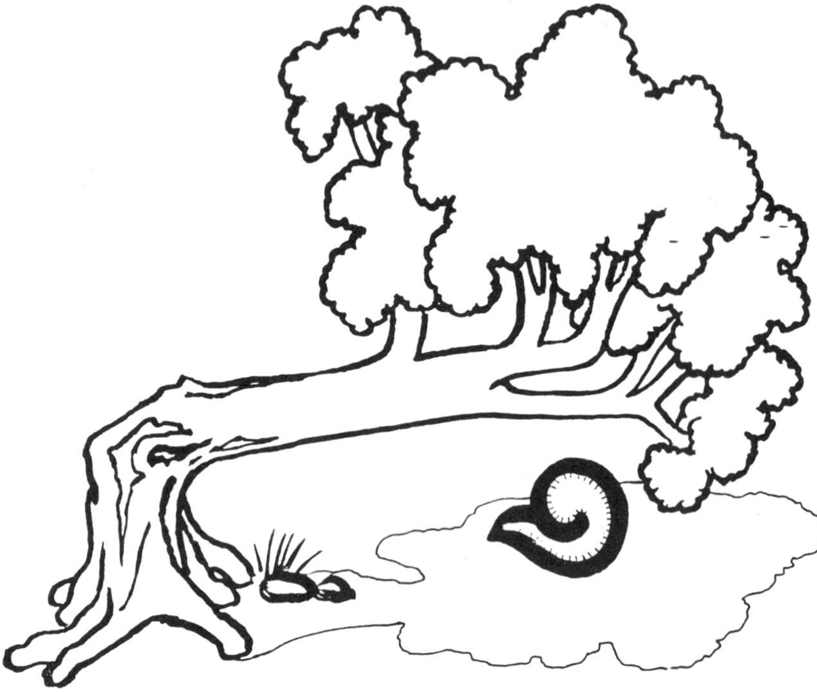

Refranes personales

Quien siembra vientos, recoge tempestades.
Grandes embrollos suelen causar en el presente las conductas equivocadas que hubo tiempo atrás.

Muchos pocos hacen un mucho.
Si en vez de despreciar lo considerado insignificante, se juntasen tales supuestas insignificancias, podría conjuntarse algo cuantioso.

La verdad engendra el odio.
Muchos son los que se avergüenzan o se irritan al ser enfrentados con la verdad, porque afecta sus intereses. Frase de Terencio.

Palo dado, ni Dios lo quita.
Al ocurrir un hecho cualquiera que sea, por más que se pretenda cancelarlo o modificarlo, nadie podrá hacerlo.

Parte II

Santo que no es visto, no es adorado.
Quien no está presente pierde la oportunidad de destacar. Es similar a la frase de un político mexicano: "Quien se mueve no sale en la foto", que en otras palabras exige a los "fotografiados" inmovilidad política.

Asustarse con el petate del muerto.
Las consejas de tiempos no tan remotos, atemorizaban al tocar el tema de la muerte y de los muertos, y hasta había quien se espantaba con los objetos usados por el fallecido; una estera les hacía recordar al cadáver que estuvo ahí, o en el cual fue envuelto y sepultado, costumbre rural debida a la pobreza.

Del mismo cuero salen las correas.
Con lo que tenemos, si es bien aprovechado, se podrá hacer mucho más de lo que suponíamos.

Refranes personales

El camino recto es el más corto.
La geometría indica que la distancia más corta entre dos puntos es una línea recta, lógica inaplicable a la sociedad, donde las acciones se dan entre vericuetos y laberintos.

Hoy por mí, mañana por tí.
Se ofrece corresponder a quien se le pide auxilio, en el entendido de que a ese alguien puede sucederle algún percance. El sujeto puede ser intercambiado: Hoy por tí, mañana por mí.

No hay que ser ni tán tán, ni muy muy.
Sonora frase con la cual se solicita sensatez, y no inclinarse ni a exageraciones ni a minimizaciones.

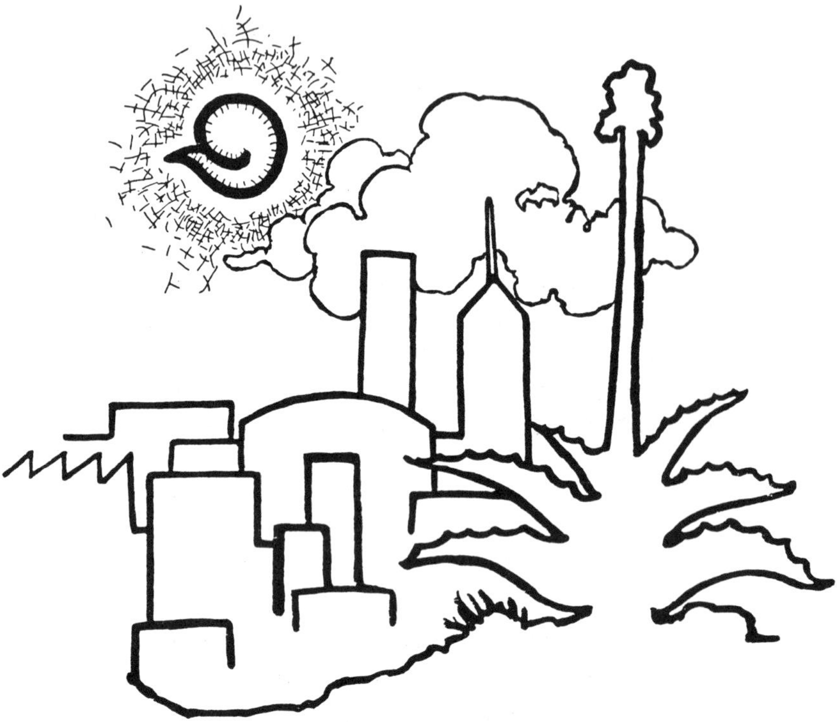

REFRANES Y DICHOS CURIOSOS

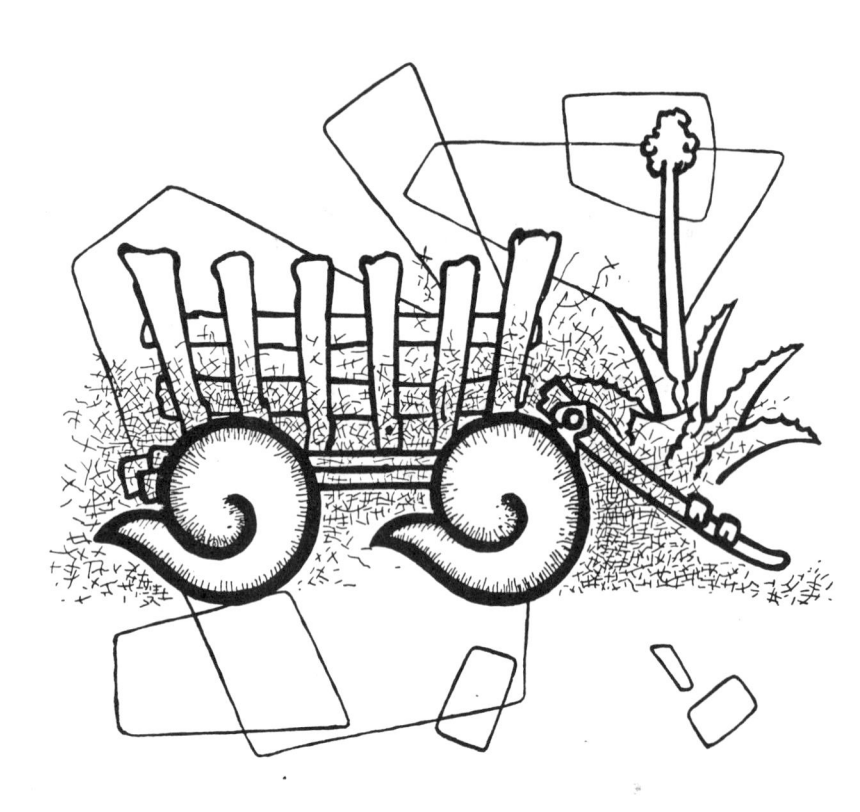

Refranes y dichos curiosos

Mujer que quiera a uno solo y banqueta para dos, no se halla en Guanajuato ni por el amor de Dios.

Presupone una cabal libertad de las mujeres guanajuatenses y un reclamo por las aceras angostas. Fue un caso raro de refrán regionalista que no trascendió a pesar de su malicia. O tal vez por eso mismo.

Acogí un ratón en mi agujero y volvióse heredero.

Como tampoco tuvo eco éste, que reflexiona en el error de aceptar un huésped que se apoderó de todo. No carece de doble sentido.

El águila no caza moscas.

La majestad del ave no se rebaja con semejantes insectos. La racionalidad debe mantenerse inmune a la vulgaridad. Antiquísimo refrán latino: Aquila non capit muscas.

Parte III

Cuando cae la cabeza, el cuerpo cae solito.

Quien tiene el infortunio de perder algún miembro del cuerpo, no por ello morirá; pero perder la cabeza es perderlo todo, tanto en sentido literal como metafórico, pues el descontrol racional hace cometer las peores torpezas. Tal es la idea de este refrán chino.

Averígüelo Vargas.

Prácticamente desconocido. Se refiere a la frase que escribía la reina Isabel la Católica en algunos informes, ya que su alcalde se llamaba Francisco de Vargas, y a éste remitía la monarca cuanta duda le planteaban.

Los esqueletos se guardan en los armarios.

Los hechos torvos o vergonzantes no deben salir de casa, nos dice este refrán inglés que equivale al popular:

Refranes y dichos curiosos

La ropa sucia se lava en casa.
Efectivamente, ni intimidades, ni secretos, ni desaveniencias deben ser advertidas por extraños, quienes muchas veces se valen de ello para causar intrigas.

A fuerza, ni los zapatos entran.
Se manifiesta rechazo a la presión de aquellos que pretenden imponerse por la fuerza y no por el convencimiento. Como bien aclara Jorge Mejía Prieto (Albures y Refranes de México), *aquí "se altera el significado de las palabras, pues lo que en realidad entra en el zapato es el pie", y no al revés.*

El arte es largo, la vida breve.
Hipócrates compara la intemporalidad de las obras artísticas con el corto lapso viviente de los creadores.

Parte III

Todo te faré, mas casa con dos puertas no te guardaré.
De remoto origen, pone a disposición del amante cualquier cosa, menos la infidelidad.

Perro no come carne de perro.
Una buena parte de los refranes se apoyan en el eufemismo, pero pocos con la crudeza de éste, que alude a personas viles que no atentan contra otros de igual condición. Lo singular del refrán es que esencialmente es erróneo, porque cuando es aguda el hambruna, los perros sí llegan a comerse unos a otros.

Debo, no niego; pago, no tengo.
El deudor admite serlo, pero manifiesta su imposibilidad de saldar su compromiso. En fechas recientes recuperó vigencia al ser asumido por una organización de deudores (El barzón) que pregona:"Debo, no niego; pago, lo justo", adaptándolo a su situación, en una buena muestra de la moldeabilidad de los refranes.

Refranes y dichos curiosos

El buen vino alegra el corazón del hombre.
Esta verdad se deriva de la Biblia (Eclesiastés, 10, 19) que determina: "El vino y la música alegran el corazón, y más que ambos, el amor a la sabiduría", aunque ciertas versiones bíblicas empobrecen este pensamiento.

Si mi tía tuviera ruedas, sería bicicleta.
Con derivaciones familiares (la abuelita y la suegra, preferentemente), se utiliza con algún megalómano que promueve proyectos tan exagerados que nadie se los cree. Lo interesante sería conocer qué ilusión extrema originó este refrán surrealista que pudo haber inspirado a Remedios Varo.

Lo agarraron como al Tigre de Santa Julia.
De neto origen capitalino -Santa Julia es un barrio al occidente de la Ciudad de México- se refiere a que el maleante, con mote felino por su ferocidad, fue capturado gracias a que en ese momento satisfacía una necesidad física que algunos llaman "del dos".

Parte III

No dejes para mañana lo que puedas hacer, pasado mañana.
Deja sin solucionar lo que tenemos pendiente. Esta ironía de Oscar Wilde es contraria al que está a continuación:

No dejes para mañana lo que puedas hacer hoy.
El cual asegura que la proclividad hacia la indolencia acumula tareas que pudiendo haberse cumplido en el momento preciso, ahora costarán mayor esfuerzo.

Son polvos de aquellos lodos.
Aunque transcurra el tiempo siempre se hallarán vestigios del pasado. Este es un excelente ejemplo de la permanencia de algunos refranes, pues ya desde el año 1572 se menciona en la comedia, la canción: de tales polvos tales lodos.

Refranes y dichos curiosos

La suerte es de los audaces.
La audacia es una cualidad con la cual pueden alcanzarse metas que parecían imposibles y facilita la intervención de la suerte. Usada con inteligencia permite resolver situaciones perturbadoras, pero en otras circunstancias es un pretexto para ocultar ambiciones desmedidas. Este ejemplo proviene de un verso de Virgilio en la Eneida donde dice que "la fortuna ayuda a los audaces"

Divide y vencerás.
Se le atribuye a Nicolás de Maquiavelo, quien en "El Príncipe" señala: Divide ut imperes. Para obtener el triunfo es indispensable debilitar al enemigo infiltrando sospechas e intrigas acerca de sus aliados. Esto lo irá debilitando en provecho de sus rivales.

La miel no se hizo para el hocico de los puercos.
Algunos individuos, incapaces de apreciar exquisiteses, las contagian con su vulgaridad, observación ya detectada por el Evangelio de San Mateo que hablaba del hecho de "dar margaritas ante porcos".

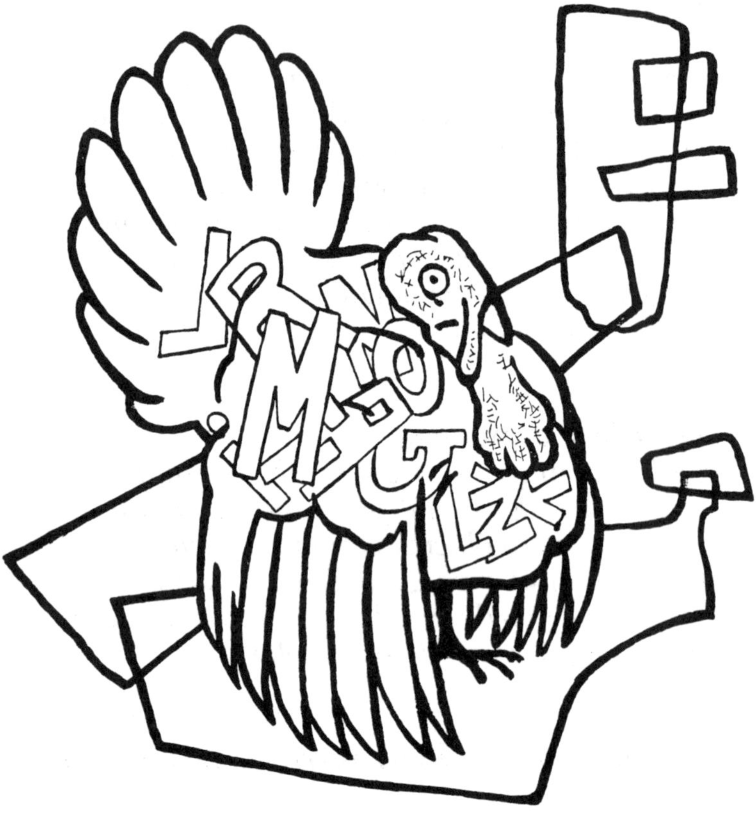

Refranes y dichos curiosos

Se cree la divina garza.
Frase aplicada a la mujer que presume de modo exagerado. Se dice que su origen tuvo lugar cuando una hermosa adivinadora apellidada Garza se ganó la envidia de otras mujeres que trataban de imitarla, quienes al descubrir a alguna perifollada, decían: "Se cree la adivina Garza".

A las palabras se las lleva el viento.
No es prudente confiar en promesas o en discursos; un documento firmado tiene mayor fuerza. Es probable que la frase provenga del proverbio latino Verba volant, scripta manent: "las palabras vuelan, lo escrito permanece".

ARILES Y MÁS ARILES,
ARILES DEL CARRIZAL...

Me picaron las avispas, pero me comí el panal.
Numerosas canciones incorporan refranes que las enriquecen. El Balajú, famoso son jarocho, inserta éste que cuenta el arrojo de alguien dispuesto al martirio con tal de dar gusto a su antojo.

Parte III

Treinta días trae noviembre, como abril, junio y septiembre; de veintiocho no hay más que uno; los demás, de treinta y uno.
Mediante esta sencilla fórmula no podrá olvidarse el número de días que tiene cada mes.

El sol sale para todos y la tierra no es propiedad de nadie.
A jóvenes y a viejos, a ricos y a pobres, el sol regala su calor, y con los productos de la tierra debería ser lo mismo. Esta frase, a la cual se le mutiló el segundo término, está en la obra "La Conspiración de los Iguales" del francés "Graco" Babeuf (1760-1797).

El hombre es el lobo del hombre.
El comediógrafo Plauto da a entender la fiereza y la maldad que a través de la historia ha persistido entre los seres humanos.

Refranes y dichos curiosos

El que a dos amos sirve, con alguno queda mal.

No es sencillo complacer debidamente a nadie si dividimos los esfuerzos por atender dos orientaciones con finalidades diferentes. La antigüedad de esta sentencia se extravía en los siglos, pues ya en la "Vulgata" se asienta: Nemo potest duobus dominis, *es decir: "No se puede servir a dos amos a la vez".*

En este mundo traidor
nada es verdad ni mentira...

Todo es según el color del cristal con que se mira.

Las interpretaciones acerca de cualquier fenómeno son tan variadas como el número de personas que las realicen, nos explica en este fragmento de "El tren expreso", Ramón de Campoamor.

Parte III

*Sabedlo, soberanos y vasallos,
próceres y mendigos:*

Nadie tendrá derecho a lo superfluo mientras alguien carezca de lo estricto.
Resaltamos un pensamiento de Asonancias (1), poesía del veracruzano Salvador Díaz Mirón, de quien también se ha popularizado el siguiente, de su poema "A Gloria":

*Los claros timbres de que estoy ufano
han de salir de la calumnia ilesos...*

Hay plumajes que cruzan el pantano y no se manchan... ¡Mi plumaje es de ésos!
Las personas con dignidad pueden incursionar en las zonas más putrefactas de la vida social sin permitir ser mancillados, comprados o contagiados.

Refranes y dichos curiosos

Quien duerme en el piso, no habrá de caerse de la cama.
Lógica elemental de este proverbio turco para aquellos que no gustan de arriesgar nada y optan por una seguridad primitiva.

Los mexicanos descienden de los aztecas, los peruanos descienden de los incas, los uruguayos descienden de los barcos.
Se asegura que de tal modo explican a quienes preguntan por su origen los orientales de América del Sur, porque la inmensa mayoría proviene de descendencia europea.

Dejad hacer, dejad pasar.
Lema que se puso de moda desde la revolución burguesa de 1789 en Francia. Alude a la absoluta libertad que debe haber en el comercio.

Parte III

Acabar como el rosario de Amozoc.
Se dice de esta manera cuando una reunión termina en gresca. Se cuenta que en 1797 hubo una bendición de Cristos en la parroquia de esa población, y en cierto momento la rivalidad de algunos barrios afloró, al grado de golpearse unos a otros con los Cristos que llevaban. El saldo de numerosos heridos obligó al intendente de Puebla, Manuel Flon de la Cadena, a prohibir dicha ceremonia.

El poder corrompe, el poder absoluto corrompe absolutamente.
Da por hecho que en cualquier nivel, el detentador del poder es corrupto, pero que la cúspide del poder alcanza el máximo de corrupción. Su autor, John Emerich Edward Dalberg Acton, fue un liberal inglés miembro de la Cámara de los Comunes y profesor de historia moderna. Esta frase se complementa así: "Los grandes hombres son casi siempre los malos hombres".

Refranes y dichos curiosos

El número de tontos es infinito.
Lo que significa que sólo unos cuantos nos salvamos. El aforismo proviene del Eclesiastés.

La unión hace la fuerza.
Sentencia divulgada en todo el mundo, que el reino de Bélgica adoptó como divisa.

El amor lo vence todo.
Virgilio concentra con finura el potencial del amor en esta frase inicial de un verso (Églogas, X, 69).

Quien quisiere mujer hermosa el sábado la escoja, que no el domingo en la boda.
Suspicaz prevención de no intervenir con aquella que se desposa, ya que hubo un tiempo para ello. Hernán Núñez de Toledo (¿1475?-1553), quien cita esta sentencia, fue un humanista español que recopiló refranes castellanos, ya abundantes en esos tiempos.

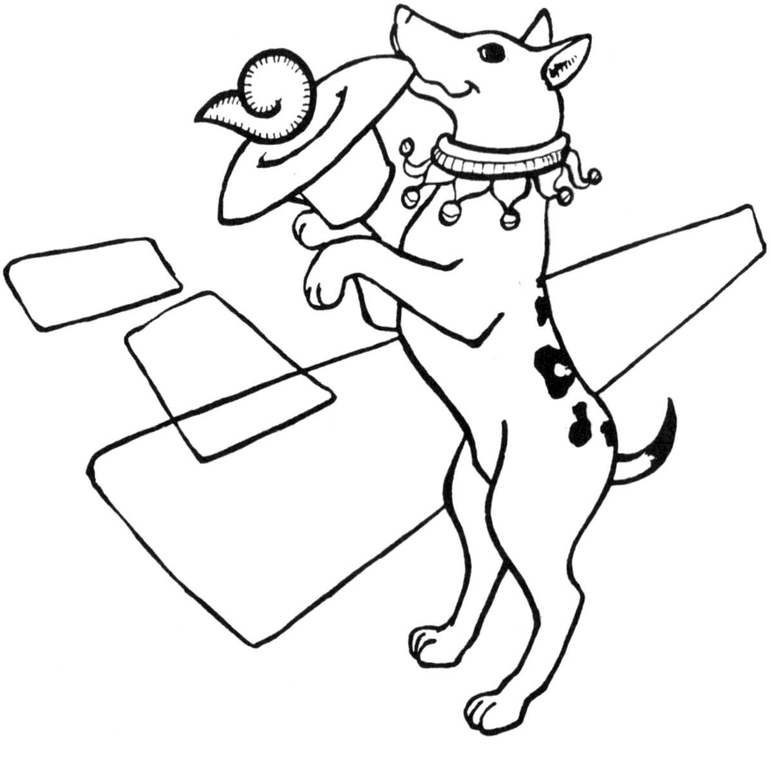

Refranes y dichos curiosos

No me sirváis caballero, íos con Dios, que no me parió mi madre, para vos.
Se cantaba lo anterior en la corte valenciana de doña Germana de Foix (1488-1538), la segunda esposa de Fernando el Católico. Aunque es nítido el verso, ahora podría decirse: "Deje de molestar y lárguese, que no nací para usted", pero ya desde entonces lo parodiaron suplantando el segundo fragmento por: "que pellizcada voy por vos".

Al cabo de los años mil, vuelven las aguas por do solían ir.
A comienzos del siglo XVII se sintetiza así la eterna movilidad de la naturaleza, que vuelve al redil a través de los tiempos.

Por dinero baila el perro.
Este dicho, con el que se da a entender que todo puede conseguirse con dinero, formó en el Siglo de Oro español parte de una canción: Por dinero baila el perro, por dinero baila. Salte y baile por dinero, que yo por mi contento bailar quiero.según se lee en La romanza spagnola in Italia, Torino, 1970.

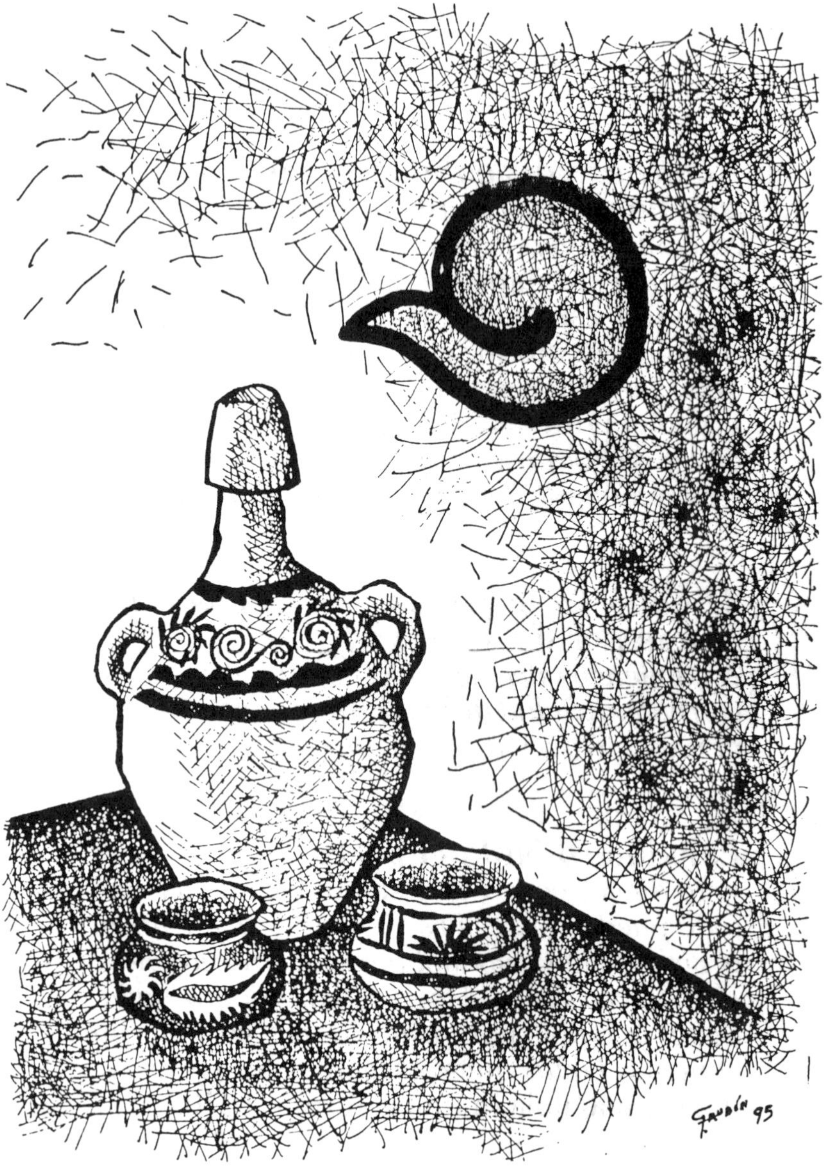

COMENTARIO

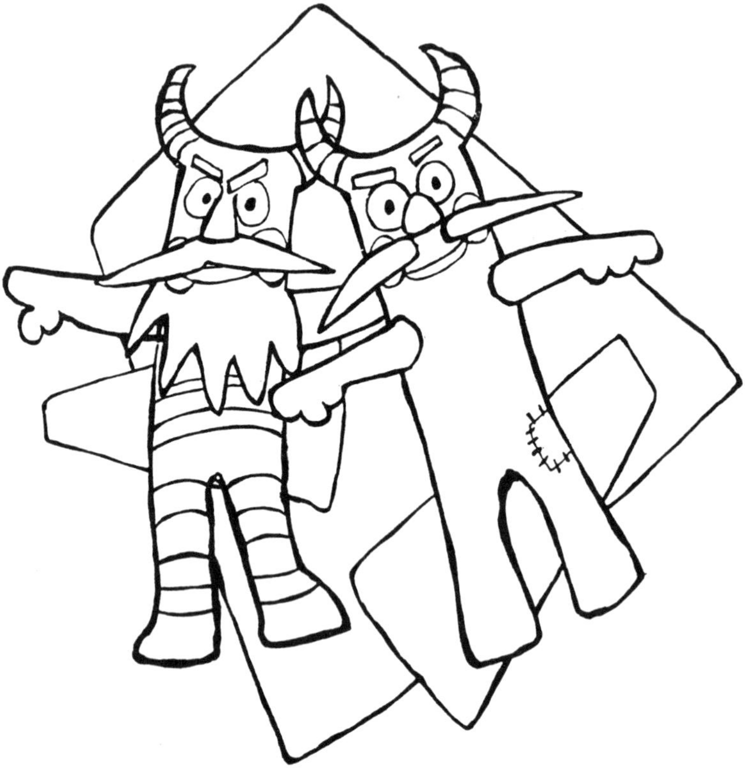

Como se ha podido apreciar, refranes y dichos vienen de muy lejos. La rapidez de la vida moderna y la globalización económica con su arrastre de modismos y anglicismos, parecerían ser los sepultureros de tan alegres modos expresivos del idioma español. Pero el lenguaje, como la vida, explora constantemente nuevas formas de sobrevivencia, y cada uno de nosotros, como parte viva de esa búsqueda, mantendremos con frescas ocurrencias el deleite de hablar en este idioma.

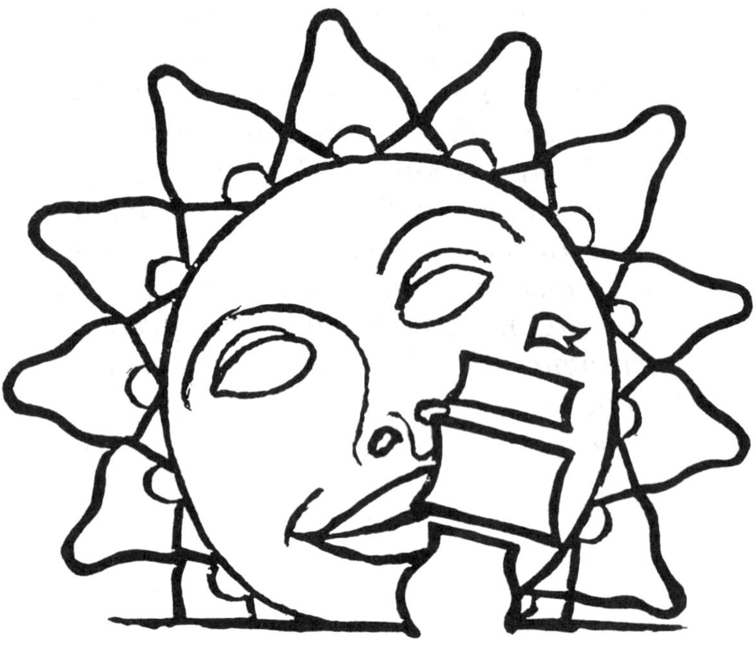

BIBLIOGRAFÍA

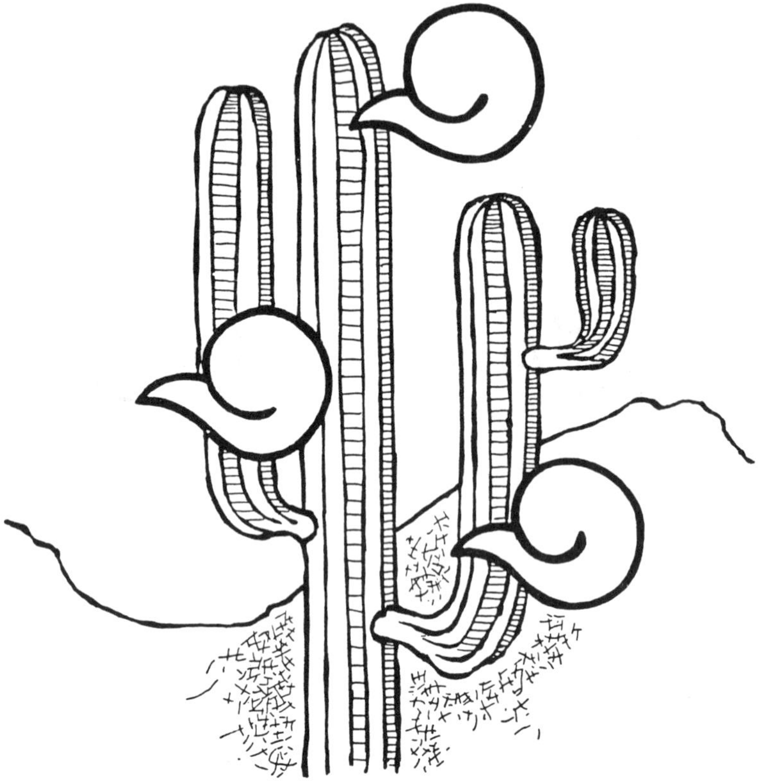

Bibliografía

Albures y Refranes de México.
Jorge Mejía Prieto.
Panorama Editorial S.A. de C.V. 1985.
México.

Corpus de la antigua lírica popular hispánica.
Marguit Frenk.
Editorial Castalia. Madrid.

Morralla del caló mexicano.
Jesús Rivas y Escalante.
Asociación Mexicana de Estudios Fonográficos, A.C.
Primera edición. 1994. México.

Del dicho al hecho...
Adela Iglesias.
Selector S.A. de C.V.
Sexta reimpresión, 1994. México.

Dichos, dicharachos y refranes mexicanos.
José Pérez.
Editores Mexicanos Unidos.
Segunda reimpresión, 1991. México.

Pequeño Larousse Ilustrado.
1981. España.

Refranero musical mexicano.
Gabriel Saldívar y Silva.
Universidad Autónoma Metropolitana.
Primera edición 1983. México.

La experiencia literaria.
Alfonso Reyes.
Fondo de Cultura Económica.
Tercera edición, segunda reimpresión.
México 1994.

Diccionario Enciclopédico de México.
Humberto Musacchio.
Andrés León, editor.
Segunda reimpresión, 1990. México.